佛教的文化事業

佛光山個案探討

周慶華 著

序

　　這本書理當六、七年前就要出版了，所以拖延至今實在是有非己力的因素在橫梗著。1999 年底，時任佛光人文社會學院校長的龔鵬程師，組了一個佛光山人間佛教事業研究小組，找我參與撰寫一本佛光山的文化事業，相約一年完稿。我如期寫竣交差了；但因其他成員未能準時交稿，直到三年後鵬程師因故辭去校長職務他才委由祕書將它寄去佛光山。不意，書稿很快就被佛光山退回，理由是跟他們的「現況」有出入而不克出版。

　　我不願揣測這是否跟佛光山那邊藉故要擺脫什麼「干係」有關；但當同時寄達的其他成員的書稿也以同樣的理由遭退而沒有給予增補調整的空間時，我就知道這本書無緣依約在佛光山那邊梓行了。現在又過了三、四年，佛光山的演變恐怕更不是當年我們所接觸了解的那個樣子。因此，這本書就真的停留在 2000 年我所能掌握的佛光山那一階段；而它主要是有關佛光山的文化事業的。

　　所以不顧這幾年來有我所不知的佛光山的事務而另尋出版的機會，是有幾個原因的：首先，在研究期間佛光山為我們研究小組安排了兩次海外道場的參訪；而我個人也到過佛光山的總本山和國內一些佛光山的文化事業單位訪問，都顯出「必要有成果」的態勢。甚至連我指派修我宗教課的年輕朋友去田調，佛光山分院的法師都對他們說：「你們老師，我知道，他正在為我們佛光山寫一本書。」

這樣如果我不設法把早就完成的著述「公諸於世」，怎麼能夠交代得了當時曾經有過的眾人和我自己的「殷殷期待」？

其次，鵬程師所擬的佛光山人間佛教事業共有佛光山的教育事業、佛光山的社會工作、佛光山的文化事業、佛光山的國際拓展和佛光山的組織管理等五項，我所負責的佛光山的文化事業一項，為了想在佛光山既有相關的出版品以及部分學者的研究成果的基礎上增添一些動態觀，於是我特別訂下了工作目標。它約略涉及：第一，經由古今佛教文化事業的比較，佛光山所作的特異處何在；第二，佛光山各部門或各單位在從事文化傳播上的互動聯繫如何；第三，文化製品在生產過程中隱含著何種心理社會背景（包括為何有那麼多人願意和有能耐投入這樣的工作，以及社會究竟提供了什麼機會有利於這類工作的推展等）；第四，文化製品在傳播過程中到底受制於那些內外在機制；第五，接受者的接受情況和回響又如何；第六，是否有可以再強化努力的層面。這整體上已經不僅是在談論佛光山一脈罷了，它更要藉機窺知古今中外佛教文化事業的運作情況；所以書成不披露，毋乃也是一件自我辜負力氣兼可惜的事！

再次，在撰稿的過程中，我見識到了一個奉行人間佛教的教團無以倫比的進取心和普濟性，那是搬出所有可用的詞彙也不易形容得盡它給佛教和人類社會帶來的新氣象。開山宗長星雲大師個人的悲智遠見，促使人間佛教在當代社會中重現光明，自然是大家有目共睹的事；佛光山所有的出家眾和在家眾追隨他的腳步在徹底的實踐人間佛教的理念，卻是外界所少有機緣全面了解的。我們幾個研究小組的成員特別幸運，從頭到尾都獲得不附帶任何條件的協助，親身體察到教團內部「活」佛向上的氣氛，也感受了佛光人所遵守「給人信心，給人希望，給人歡喜，給人方便」等工作信條的實質

效益。這樣將我的所見所聞藉書傳達於外,不也是體現我自己一貫關切「佛能救世」偉業的旨趣以及順便提供一個或許與眾不同的看待佛光山的模式?

　　以上這些理由是否足夠據為把延宕了那麼長一段時間的書稿印行,想必曾經知道這件事的人不一定會全然認同(畢竟還有些原因不便納進來一起處理);但在我來說已經懶得再去考慮什麼了。佛光山的文化事業在這幾年中又有多少的變化,肯定我是沒有名目再去接觸探索的了,以至書裏所能補充的是我自己的見解以及他人的一些研究成果。至於在文末本該為相關的人和同事說幾句幸會或感謝的話,只因為已經逸離當時的情境而「欲說無由」,所以就全部予以省略了。換句話說,這本書不再是為「誰」寫的了,它只是我在一個特定的時空特定的情思的流露而已。將書名另外加上主標題「佛教的文化事業」及副標題改作「佛光山個案探討」,正是為了顯示這一心境轉變後的自主樣態(雖然全書還是保留寫作時的格調)。

周慶華

目次

第一章　緒論

第一節　一個佛教新興團體的誕生

　　起源於西元前六世紀為釋迦牟尼所創的佛教，在印度本土大約流行了一千八百年，終因印度教興起和伊斯蘭教入侵而告衰落。在該一千八百年間，又約略可以分為三期：前六百年，為部派佛教形成時期；中六百年，為顯教大乘發展時期；後六百年，為密教流行時期。前期佛教以上座、大眾兩部為主，三四百年中分化為十餘種部派。其中上座部，分為南北二傳。南傳上座部，在阿育王時傳入斯里蘭卡，並傳入緬甸、泰國、柬埔寨等地區；西元七世紀後又從緬甸傳入中國雲南一帶，迄今流行於傣族地區，形成中國的巴利語系佛教。中期的大乘佛教，於西元二世紀傳入中國漢地；西元七世紀起又從漢地和印度傳入西藏；西元十一世紀起，印度後期逐漸盛行的密教，又大量傳入西藏。印度這後二期的佛教，又在中國形成漢語系和藏語系兩大系統的佛教（呂澂，1983；佐佐木教悟等，1986；池田大作，1992）。

　　中國鄰近的朝鮮和日本，也在西元六世紀從中國引進佛教，使得亞洲的佛教圈終告確立。而從近代以來，又在各佛教傳地僧侶的主動傳教和歐美國家的興起研究下，佛教終於有機會再向非亞洲地區傳布，如今已是類似基督教那樣具有普世性的宗教了【鄭振煌等，1994；鄭金德，1984；費雪（M.P.Fisher），1999；賈許（G.Gach），

2006】。然而，佛教慧命的延續和教團的形成，主要還是在中國土地上發皇和成就的。這種現象，似乎無法用「佛教的基本教義適合於各種剝削階級的利益，因而得到不同國家的歷代統治者的支持」（呂大吉主編，1993：656）一類簡單的理由所能解釋，它的偶然性或緣起法及解脫法門特能吸引人心都有可能（周慶華，1999a：129）。尤其在中國的社會裏，它的慈悲渡世性格和傳統儒家所強調的博施濟眾思想若合符節，以及它的捨離精神也給了亂世人心一副安慰劑（釋東初，1974：1；余英時，1987：16），甚至它偶爾顯示的異象或神蹟更能滿足向來就有著迷天理習慣的國人所需（煮雲法師，1985；釋蓮池編，1986；太風等，1987；道證法師，1995；依空法師等，1994）。可見佛教原備有吸引中國人的潛質，以至能長期的在中國社會流傳發展。

雖然如此，佛教在跟中國文化遭遇的過程中，還是不免有些齟齬而屢次蒙受法難。原來佛教是以打動王公貴族而得其信仰供養為主（湯用彤，1987；潘桂明等，1999），而其傳教也因為有帝王的支持而更形順遂；但這種「獨蒙榮寵」一旦過於張揚或不知收斂，很快的就會遭忌並受外力無情的打擊。歷來儒道二教對佛教的排擠，主要就是緣於這類利益衝突（而不關教義或其他層面的歧異），以至直接或間接的促使北魏太武帝、北周武帝、唐武帝、五代後周世宗等所謂「三武一宗」毀佛行動的發生。這種法難的突如其來，以及生存空間的窄縮，使得佛教徒自覺到「自力更生」的重要性，而有所謂叢林制度的創立。這是禪宗六祖後南嶽一支的馬祖道一禪師和百丈懷海禪師所開啟，從晚唐以來已經形成中國佛教的一大特色（南懷瑾，1964；藍吉富等主編，1993a；黃啟江，1997）。它規定佛教徒依長幼輩分，各安其位，住在一個像「家」一樣的叢林大寺院裏

共同生活；勞役平等，福利、經濟平等，即使是寺院的領導人，也必須嚴守「一日不作，一日不食」的規則。此外，寺院中的經濟，完全自給自足，不必仰賴信徒的施捨或奉獻。從此徹底改變了原始佛教徒的乞食生活，同時還可以因應教外的批判（周慶華，1999a：134～137）。

　　佛教這種大刀闊斧的改革，在歷經宋元明清幾個朝代的演變後，不慮又出現「末法弊極」的窘況：一方面內部的精神和戒律日漸鬆弛，許多佛教徒轉而探取世俗的利益並以替人趕作經懺法事名身；另一方面外部由於西方的一神教傳來而多了一個競爭對手，原有的政經優勢不再，甚至被逼仄而必須像俗流那樣獅吼世道的不公。這種情況，在清末民初社會一片「摧殘佛教」、「寺產興學」的喧嚷聲中，佛教徒（被迫）「陷入」的更為快速（釋東初，1974；中村·元等，1984）。以至引發佛教界有識之士的疾首痛心而亟思挽救革新佛教的對策；其中特能化為具體行動的要數太虛大師一人，他的教理、教制、教產革命觀及其培植興教人才和建設人生佛教等作為，早已傳為美談（印順法師，1988；郭朋等，1989；洪金蓮，1995）。只是太虛大師的理想還沒有機會實現，就遇到中日戰爭，兵燹漫延全國，生靈塗炭，佛教的改革運動也無以為繼。戰爭結束後，國共內鬥又起，1949年終於大陸易幟，共產黨取得政權，唯物主義當道，佛教和其它宗教一併被抑制成長，難見天日，更遑論當初那一絲護教振教的熱絡氣息得著延續伸展。

　　倒是1949年後隨中央政府來臺的一些僧人，眼看著佛教慧命就要中斷，悲心發願再續前緣，自我承擔起振興佛教的工作。五十多年來，果然葉茂花開，把臺灣打造成盛行佛教的地區，還有餘力弘法傳教於國際。其中佛光山教團的表現，可說最為凸出。開山宗長

星雲大師於大陸出家，參學金山、焦山、棲霞等禪淨律學諸叢林的過程中，就親身目睹佛教的危厄以及嚐到追隨太虛大師的革新理念去整頓寺院而不成的難堪滋味（符芝瑛，1995），促使他來臺後更加堅定心願要為佛教重開新局，把前人做不到或沒有做到的佛教事業一一完成。現在佛光山已經是名山大剎，別分院遍布世界五大洲，不僅如星雲大師所願的「復興了中國佛教」、「安了僧納了眾」（星雲大師，1999a：1～18），而且還「佛光普照」、「法水長流」、為世人所津津樂道（陸震廷，1992；陸鏗主編，1992；劉枋等主編，1996）。

第二節　佛光山值得眾人為它喝采的幾個理由

佛光山現在除了位於高雄縣大樹鄉的總本山，還有二百多個別分院分布於國內外，以及數個基金會和大學、佛學院、中學、小學、養老院、育幼院、托兒所、幼稚園、出版社、雜誌社、報社、電視臺、書局、美術館、圖書館、雲水醫院、福利社、墓園等幾十個佛化事業單位，所從事的文化、教育、弘法，慈善、醫療、觀光等工作，遠非古今中外任何一個佛教團體所能相比擬。它的「給人信心，給人希望，給人歡喜，給人方便」的弘法利生方式，已經譽滿全球；而星雲大師個人的「創意大師」、「佛教的馬丁路德」等美名，也不脛而走，成了許多人好奇而想親近的對象。

幾年前，有學者在所出版的一本書中，對佛光山有這樣的評定：「無論如何，以文教起家的佛光山教團，三十年來確實是在星雲法師苦心孤詣的經營和歡喜融和的帶領下，既承續了中國佛教的傳統，又配合著時代潮流之所需，漸次成為臺灣現今最享國際聲名的

大教團。在臺灣，佛光山教團在僧伽教育方面可謂最具規模、僧團
制度也算是較為明確，而佛教事業的興辦也最多元化，而廣為一般
大眾所歡迎，甚至直接隸屬於佛光山教團的海外寺院道場都要比國
內的寺院講堂多，可謂真正的國際化了。當年太虛大師所亟呼的人
生佛教、人間淨土、佛教現代化、擴大佛教的社會基礎、向世界進
軍、創立世界佛學苑等等，都幾乎在星雲法師所興辦的各種佛教事
業裏一一實現了」（康樂等，1995：132）。這是實在話，但也不盡能
概括佛光山為「圓滿佛事」所作的努力。這點可以從四十幾年前星
雲大師為佛教需要「建一個大學、辦一份報紙、設一個廣播電臺、
成立一個電視事業」的藍圖規劃開始（星雲大師，1999b：32～33），
到最近他自述經歷和發出底下這些期望而得著了解：

> 四十年來，我為教界造就人才，辦理養老院、育幼院、
> 托兒所、幼稚園、圖書館、出版社、雜誌、學校、講堂、醫
> 院……佛教事業的大眾化不但帶動了佛教的發展，也促進了
> 社會的進步。未來我們可以進一步讓佛教事業更加普及化，
> 鼓勵信徒經營與民眾生活密切相關的農場、林園、工廠、銀
> 行、報社、電視、電臺、購物中心、超級市場、信託保險、
> 旅遊事業……佛教界可以辦理青年助學貸款、工商企業融
> 資、退休養老基金、急難扶持會……成立職業輔導訓練中心、
> 婦女求職中心、電話法語中心、佛法諮詢中心、大專青年活
> 動中心、老人長青苑、收容所……鼓勵佛子們充實六度四攝
> 的修養，擔任教授、講師、律師、醫師、護士、幼教師、教
> 誨師、布教師、工程師、美術師、音樂師……組織佛教體育

> 隊伍、佛教音樂團體、提拔佛教藝術人才，舉辦佛教巡迴展
> 覽，以正當娛樂來化導眾生。（星雲大師，1999b：77～78）

也就是說，佛光山有著全方位發展佛化事業的企圖和努力。這不但
在文化史上特別具有「里程碑」的意義，而且在宗教學、社會學、
政治學、經濟學和未來學等方面，也頗有可以「相靡相盪」的作用
和價值。

我們知道崇信緣起觀的佛教和崇信創造觀的一神教以及崇信氣
化觀的儒道二教，共同結構和發皇了人類的文明（周慶華，2001；
2005），其中佛教特別被現代人看好是人類能安度新世紀的有力保證
【雷夫金（J.Rifkin），1988；淨慧主編，1991；池田大作，1998】。
其次，佛教傳入中國後，帶動了譯經事業的發達以及佛教藝術的弘
揚和佛學研究的風氣等，為中國文化開啟多元且更富包容性的格局
（方立天，1994a；任繼愈主編，1981；藍吉富主編，1993b）。再次，
在現代的精神分析學、存在主義、詮釋學、生死學等思想潮流中，
佛教也提供了甚多相應的資源，一起為迷惘的人心燃起一盞明燈（魏
承思，1993；鄭金德，1991；林鎮國，1999；傅偉勳，1993）。而這
些精神和貢獻，佛光山幾乎都內蘊且表現得更為出色，足以為人類
文化史增添新頁。

此外，在世界其他各大宗教都在擔心信徒流失和困於謀求發展
之際【康－沙塞保（D.Cohn-Sherbok），1999；夏塔克（C.Shattuck），
1999；威爾森（B.Wilson），1999；愛利雅思（J.J.Elias），1999】，佛
光山的信徒卻日漸在增加且促成教團的益發國際化，這中間豈無可
採擷為構設新宗教學的質素？又現實中所涉及的羣體的整合、發展
和變遷以及社會福利（楊懋春，1981；蔡文輝，1984；朱堅章等，

1987），還有權力的構成和分配（曹白森，1985；張金鑑，1985；呂亞力，1994）以及生產財和消費財的製造和分配（徐育珠，1987；歐陽勛，1987；吳永猛等，1990）等問題，都千頭萬緒，不知困折多少政治家、社會學家和經濟學家的智慮，而佛光山卻能廣行佛化事業並安頓好偌多徒眾和不斷開發新的財源，這中間又豈無可櫽栝為改造社會學、政治學和經濟學可用的成分？又人類正在經歷一個未來學者所描繪的資訊科技、生物科技高度發達和跨國企業極為盛行的新時代【奈思比（J.Naisbitt）等，1992；尼葛洛龐帝（N.Negroponte），1998；梅納德（H.B.Maynard）等，1994；天下文化出版公司等編，1996】，但有關生態環境的惡化、種族衝突的升高和文化霸權的宰制卻未見改善【華玉洪，1995；杭亭頓（S.P.Huntington），1997；陶東風，2000】，徒留予局內局外人百般憂慮，而這在佛光山以「平等的主張」、「人本的思想」、「環保的觀念」、「自然的緣起」等為訴求的國際弘法列車（星雲大師編著，1999c），卻越來越受歡迎（佛光山宗務委員會編，1997a：396～416；1999：421～447）且被評比為以宗教力量回饋造福社會的表率（星雲大師編著，1997a；西來寺文教中心編，1998；佛光山澳洲南天寺編，1998），佛光山的這種溫和而逆向進取的作法又豈無可轉化為形塑未來學新內涵的東西？

　　可見佛光山充分顯現了能繼續推動人類的文化往前進、為宗教的存在樹立良好的典範、帶給社會祥和美好的希望、激勵政治和經濟朝向合理的管理和正當化的發展以及實踐和平共榮世界的理想等本事，可為並世知音共商讚嘆！尤其是最後一項，特別受到國際人士的矚目，而值得我們同感驕傲。所謂「佛教之所以吸引很多人，尤其是在西方社會的科學環境中長大的人們，有一個特徵就是佛教

不提『超自然』的觀念……佛教備受歡迎的另一個理由是，它傾向
個人獨修而非團體集體表達宗教情感……在歐美個人主義擡頭的
社會裏，這絕對是個優勢，尤其是當個人要求擁有更多屬於自己的
時間，以及原本配合農業社會緩慢步調，舉行的堂皇猶太教及基督
教節慶儀式，在工業社會中變得愈來愈不切實際。還有，個人可以
自行選擇修行時間的多寡。大部分的西方宗教都得在正式的儀式內
舉行，但是佛教徒不需借助於任何儀式即可修持。在另一方面，那
些希望有正式儀式幫助他們禪修的人也很容易如願……佛教對個
人的重視也在其他方面表現出來。佛教沒有其他宗教所有的那種
固定偏見，因此，不同種族、性別、性別傾向及不同生活形態的人
都可以在佛教找到支撐點，這是在西方宗教裏無法找到的……另外
一個吸引人的佛教特性是佛教長久以來使用世俗語文，而非只有
少數專家才了解的超凡語文……此外，佛教沒有居中的牧師職位，
這表示佛教徒擁有相同的潛力可去完成對實相的體會，而不須依賴
他人。也許佛教最偉大之處在於它對和平的貢獻。過去一百年來，
我們的世界爆發了兩次世界大戰及無數小衝突，佛教徒呼籲和平
不遺餘力……因此，我們堅信佛教必定會持續有力的號召建設一個
較為溫和的世界。只要有關人類生存的問題繼續存在，佛教都會在
每一世代找到宣揚希望、和平、慈悲的信息。它也能持續提供人們
對應人生很多失望及悲劇的方法，以及人類與這個世界互動的可
行模式」【赫基斯（B.K.HawKins），1999：115～118】，這雖然不全
是針對佛光山教團所作的貢獻而發（還有其他佛教團體共享這一
殊榮），但佛光了既然已經上了國際舞臺，功勞自然少不得有它的
一份。

第三節　本書寫作所關懷的重點

從整體來看，佛光山是以「推動人間佛教，建立佛光淨土」為終極目標；而它的走向，可以從星雲大師在有關「佛教的前途在那裏」的一場四講的演講中窺見端倪。在那一場演講中，星雲大師指出佛教界要「融和尊重」、「團結包容」、「互讚互助」、「樂觀進取」；同時為促進佛教發展得「創辦教育事業」、「加強文化傳播」、「提倡悲智行願」、「組織信徒共修」以及「佛教應該人間化」、「佛教應該現代化」、「佛教應該大眾化」、「佛教應該生活化」和「重新結集三藏」、「普建八宗叢林」、「普及佛教讀物」、「增強資訊運用」等（星雲大師，1991：85～156）。這也就是我們現在所看到佛光山四大工程（包括建立現代佛教制度、提高僧伽素質、發展佛教事業和發揚人間佛教等）的理論基礎，而且也是外人認識佛光山的立足點。

不過，佛光山這三十多年來，不論是內部的組織管理，還是寺院道場的興建，或是各種佛化事業的推動，都常有調整和增長的現象（這只要比較《佛光山開山二十週年紀念特刊》、《佛光山開山三十週年紀念特刊》和《佛光山開山三十一週年年鑑》等幾本紀錄性的書就可以得知），而無法一概而論。似乎連星雲大師也不敢確定「接下來」還會做什麼；因為長期以來很多事都是信徒有所需求而激起他「勇於一試」的：

> 早期我初到臺灣，有了落腳之地的宜蘭之後，對於喜歡念佛的信徒，我「從善如流」，成立念佛會；對於熱衷歌唱的青年，我「從善如流」，組織歌詠隊；對於即將升學的學子，我「從善如流」，設立光華補習班；對於牙牙學語的幼童，我

「從善如流」，開辦幼稚園、托兒所。凡此不但為臺灣佛教創下了先例，也為有情眾生種下得度的因緣。

三十多年前，曾聽人說：「從大陸來的法師為什麼都喜歡集中在臺北，而不往美麗島的中南部發展？」我自忖所言甚是，遂「從善如流」，南下弘法，先建佛教堂、壽山寺，後開闢佛光山；十餘年前，苗栗謝潤德居士對我說：「大師，您為什麼都在福建人的地方設立寺院，不到客家人的地方興建道場？」我想想此話也對，便「從善如流」，在潮州、屏東、新竹、桃園等地方成立別分院，以示我對所有族羣一律平等。

到世界各處雲遊弘法，我「從善如流」，應各地信徒的懇請，在海內外遍設道場，以法水潤澤有情大眾；從佛光山住持之位退居後，我「從善如流」，應十方信眾的要求，組織國際佛光會，將在家佛子的力量凝聚起來。我原本從小是一個羞澀的農家子弟，只能躲在別人背後做做助手，但因為「從善如流」的性格，不但使我的腳步跨出本土，立足世界，也讓我的眼界穿越過去，掌握現在，眺望未來的遠景。

常有人問我：「您如何規劃生涯？」其實我生平大志，只是「從善如流」地隨順大家的喜好，沒想到居然能開創一片寬闊的天地。記得過去有人說佛教教育很重要，我就「從善如流」，如今佛光山在全球建有十六所佛教學院；有人說社會學校很重要，我也「從善如流」，創建智光工商學校、普門中學、西來大學、佛光大學、南華管理學院。有人說無依的老人需要照顧，我就「從善如流」，接管宜蘭救濟院，建設佛光精舍，協助高雄縣政府辦理崧鶴樓，專為老人服務；有人說年幼的兒童需要培育，我也「從善如流」，成立育幼院、安親

班、幼稚園、童軍團，還為他們取名「善財童軍團」、「妙慧童軍團」。有人說發行雜誌對弘揚佛法助益甚大，我就「從善如流」，《今日佛教》、《覺世》、《普門》都是在這種因緣下問世；有人說出版佛書能廣度眾生，我也「從善如流」，成立佛教文化服務處、佛光出版社。有人說佛教應該順應現代人的需要，我就「從善如流」，印行新式標點斷句的《佛光大藏經》、語體化的《中國佛教經典寶藏》、光碟版的《佛光大藏經》；有人說修持應該遵行古制，我也「從善如流」，興設禪堂、念佛堂、禮懺堂、抄經堂等硬體設施，並且備有專人指導。今後我仍樂意本著「從善如流」的觀念，為十方大眾服務奉獻。
（星雲大師，1999d：106～109）

如此一位從善如流、廓然大公的佛教大師，是沒有什麼不可能做的佛化事業，而外人要有所論斷也就備加困難了。換句話說，佛光山是一個朝氣十足且活動力強的教團，隨時會有令人耳目一新的表現。因此，想觀看佛光山，就得有如接近萬花筒般的心理準備。

　　話說回來，探討佛光山的成就，著實也不能這麼「求全責備」，否則整件工作恐怕就沒有完了的一天。這裏大體上還是以佛光山所積極而持續推動的四大工程為著眼點，試著理出它的來龍去脈，以便作為進一步討論的依據。

　　在建立現代佛教制度和提高僧伽素質方面，當年太虛大師所構想的限制並規定僧眾的選拔以及為僧眾進行教育和提倡社會服務等（太虛大師，1955a），實際上那時多半都不曾實現。直到佛光山興起後，建立一套組織管理辦法和廣設佛學院，僧眾才得著安頓和有效的教育；尤其它的宗長任期制，更是史無前例的創舉，可說徹底

落實了改革教制的決心。而在發展佛教事業和發揚人間佛教方面，歷代佛教徒因時制宜所從事的諸如植樹造林、墾荒闢田、鑿井施水、維護泉源、利濟行旅、築橋舖路、興建水利、設置浴場、興建公廁、建立涼亭、經營碾磑、急難救助、義莊義田、悲田病坊、義葬義塚、長生資貸等社會福利事業（星雲大師編著，1999e；梁其姿，1997；道端良秀，1986），或者民初以來佛教徒仿基督教所發動的演講會、研究班、講經班、圖書館、博物館、傳道會、佛教青年會、紅十字會、戰場傷患的救助、醫院病患的照顧、孤兒的看護、饑荒的賑濟、衣物的募集發放、探監、生畜的照料和放生等社會服務（陳榮捷，1987；張曼濤主編，1978），大多屬於臨時或應景性質。而佛光山卻能把它轉變為「常制」，規劃出細目而由專責單位在推行，並且還不斷因社會所需而擴大慈善福利的範圍，也可說真正做到了「無緣大慈，同體大悲」無盡資生利眾的願行。此外，佛光山在國際弘法方面頗有績效，也等於把佛化事業直接普及到世界各地，將整體佛光淨土的理想更逼近了一步；而這也是當年太虛大師預計以「迂迴」方式（先變易西方學者的觀念，再要他們接受佛教思想）弘法於國際社會所無法想像的（有關太虛大師的國際弘法觀，見太虛大師，1955b）。

　　以上這些，都有專人負責在探討，而我只需處理佛光山命脈所繫之一的文化事業就行了。這一部分，在佛光山是作為弘法的媒介以及培植興教人才和倡導人間佛教的先行，但又是佛光山由內塑精神到外化行動而能獨顯殊異的現世體證所在，可以想見它的事涉複雜又韻味別具。而在實際的探討上，除了有一個整體的宏觀，還會細察它內部的運作機制以及比較貫時和並時的同類作為，以便看出它在人類文化發展進程中所具有的意義和價值。

第二章　相關概念的界定

第一節　文化

在實際討論佛光山的文化事業的表現前，理當為一些基本的概念作點界定，往後才方便論說。這些概念，從具體的情境抽離後，仍然還有它們的生命；而重新植入論說的脈絡中，又會跟其他的概念形成新的機制。這種機制，正如精神分折學所說的同時具有「防衛」和「驅動」的作用【洛斯奈（J.Rosner），1988；葉家明，1997；周慶華，1999b】，如果不在事前預作交代，可能會造成讀者閱讀理解上的「障礙」。現在就從文化這個概念開始。

當今所說的文化（culture），相對漢語來說，它是外來語，來自動字（colere），原為耕耘種植的意思，相傳是西塞羅（Cicero）率先使用它的；也有居住的意思；還有維持、照管、保護、敬禮、尊重的意思，大概都是西塞羅和維爾基（原名未詳）的使用。至於文化名詞（cultura），也是由西塞羅開始使用，有耕耘、栽培、修理農作物的意思。後來西塞羅又寓意的使用它為理智和道德的修習；又有注意，並有授課和敬禮的意思（趙雅博，1973：3）。十八世紀七〇年代，泰勒（E.B.Trlor）重新為文化下定義，說文化是一種複雜叢結的全體；這種複雜叢結的全體，包括知識、信仰、藝術、法律、道德、風俗，以及任何其他的人所獲得的才能和習慣（殷海光，1979：31）。從此為西方樹立了一個新概念的里程碑，吸引許多人前來「品

頭論足」（也就是不斷為它再作定義）。而據統計，到二十世紀五〇
年代為止，有關文化的定義已經有一百六、七十種（殷海光，1979：
30～43；沈清松，1986：22），至今又不知增加了多少。

　　至於在漢語中，它是從《周易》賁卦象辭「觀乎天文以察時變，
觀乎人文以化成天下」截取而來，有人治教化的意思；《周易》之後
的《說苑・指武》所說的「凡武之興，為不服也；文化不改，然後
加誅」和王融〈三月三日曲水序〉所說的「設神理以景俗，敷文化
以柔遠」以及束晳〈補亡〉詩所說的「文化內緝，武功外悠」等，
也都是這個意思，跟西方的文化概念頗有差距。但現在已經沒有人
再從這個（人治教化）角度去談文化，只要一提起文化問題，幾乎
都是西方的概念。這顯示了文化在漢語世界的個別論說脈絡裏，終
於要擔任一個「重新」出發者的角色（周慶華，1997a：73～74）。
換句話說，現在的文化概念既然是外來的，它的取義就不得不以西
方的理論架構為參照系。

　　依文化學者的研究，文化這個概念，已經可以從不同的角度來
追溯它的類型學上的起源，如「（一）文化為一智識或認知的範疇：
文化被理解為一種普遍的心態，其中包含著完美的理念，即對於人
類個人成就或解放的目標或渴望。在某一層面上，這可能反映出一
種極度個人主義的哲學；而在另一層面上，這正是對人類的特殊與
不同，甚至是對『選民說』或人類優越性的哲學信念的例證。這又
和後來作品中的救贖主題相連，例如馬克思的假意識，以及法蘭克
福學派的憂鬱科學等。但我們在柯立芝、卡萊爾，以及後來的阿諾
德等浪漫主義文學及文化批評作品中，最能清楚發現其根源。（二）
文化為一種更包容與集體的範疇：文化代表著社會中知識與／或道
德發展的狀態。這個立場把文化與文明的概念相連，是由達爾文的

進化論所啟發的，後來則由一羣現被稱為『早期進化論者』，並為人類學研究先驅的社會學家所接收，提出了『退化』與『進步』兩種彼此競爭的概念，進而與十九世紀的帝國主義相連。然而，這種觀念卻將文化概念納入集體生活的領域，而非個人意識層面中。（三）文化為一敍述與具體的範疇；文化被視為任一社會中藝術與智識作品的集合體：這幾乎就是日常用語中的『文化』一詞，並且蘊涵獨特性、排他性、菁英主義、專門知識與訓練或社會化過程等意義。包括一種對文化牢不可破的既成觀念，視文化為人造的、經過沈澱的象徵物，一個社會中奧祕難解的象徵主義當然也包括在內。（四）文化為一社會範疇；文化被視為是一個民族的整體生活方式：這就是文化的多元論，並隱然有民主意涵的觀點，現在已經成為社會學與人類學關切的領域，而在較地區性的層面上，也是文化研究的關注重點」【簡克斯（C.Jenks），1998：23～25】。在這種情況下，文化概念還要為我們所用（而又不能不顧及它的多義性），那就只有「重作界定」一途了。所謂重作界定，不一定是憑空設想，如果有現成的界定可以參考，也就不需別為費心。在這裏，個人衡量在「統攝材料」上的有效性，而選擇一個外來且經國人增補的文化定義：

> 文化是一個歷史性的生活團體（也就是其成員在時間中共同成長發展的團體）表現其創造力的歷程和結果的整體，其中包含了終極信仰、觀念系統、規範系統、表現系統和行動系統。（沈清松，1986：24）

這個定義，包含幾個要素：（一）文化是由一個歷史性的生活團體所產生的；（二）文化是一個生活團體表現其創造力的歷程和結果；（三）一個生活團體的創造力必須經由終極信仰、觀念系統、規範系統、

表現系統和行動系統五部分來表現，並在這五部分中經歷所謂潛能和實現、傳承和創新的歷程。文化在此地被看成一個大系統，而底下再分五個次系統。這五個次系統的內涵分別如下：終極信仰是指一個歷史性的生活團體的成員，由於對人生和世界的究竟意義的終極關懷，而將自己的生命所投向的最後根基，如希伯來民族和基督宗教的終極信仰是投向一個有位格的創造主，而漢民族所認定的天、天帝、天神、道、理等等，也表現了漢民族的終極信仰；觀念系統是指一個歷史性的生活團體的成員，認識自己和世界的方式，並由此而產生的一套認知體系和一套延續並發展其認知體系的方法，如神話、傳說，以及各種程度的知識和各種哲學思想都是屬於觀念系統，而科學以作為一種精神、方法和研究成果來說，也都是屬於觀念系統的構成因素；規範系統是指一個歷史性的生活團體的成員，依據其終極信仰和自己對自身及對世界的了解（就是觀念系統）而制定的一套行為規範，並依據這些規範而產生一套行為模式，如倫理、道德等等；表現系統是指用一種感性的方式來表現該團體的終極信仰、觀念系統和規範系統，因而產生了各種文學和藝術作品（包括建築、雕塑、繪畫、音樂、甚至各種歷史文物等等）；行動系統是指一個歷史性的生活團體的成員，對於自然和人羣所採取的開發或管理的全套辦法，如自然技術（開發自然、控制自然和利用自然的技術）和管理技術（就是社會技術或社會工程，其中包含政治、經濟、社會三部分──政治涉及權力的構成和分配；經濟涉及生產財和消費財的製造和分配；社會涉及羣體的整合、發展和變遷，以及社會福利等等問題）（沈清松，1986：24～29）。

上述這個定義，當然不是沒有問題。如五個次系統既分立又有交涉，要將它們並排卻又嫌彼此略存先後順序，總是不十分容易予

以定位；又如表現系統所要表達的除了終極信仰、觀念系統、規範系統等等，此外當還有呈現它自身，也就是由技巧安排所形成的一種美感特色，而這都在一個「表現」（將終極信仰、觀念系統、規範系統現出表面來或傳達出來）概念下被抹煞或被擱置了（周慶華，1997a：74～75）。雖然如此，這個定義所涵蓋的五個次系統，作為一個解釋所需的概念架構，確有相當的實用性，所以這裏也就不捨得放棄了。而從相對的立場來說，這比常被提及或引用的另一種包含理念層、制度層和器物層的文化定義（汪琪，1984；傅佩榮，1989；李宗桂，1992）或包含精神面和物質面的文化定義【史美舍（N.J.Smelser），1991；黃文山，1986；邵玉銘編，1994；龍冠海主編，1988】更能說明文化世界的內在機能和運作情況。而它跟不專門標榜「物質進步主義」意義下的文明概念【史賓格勒（O.Spengler），1985；湯恩比（A.J.Toynbee），1984；杭亭頓（S.P.Huntington），1997】是相通的。也就是說，文化和一般廣義的文明沒有分別，彼此可以變換互用。

第二節　佛教文化

　　根據上述，接著所要提到的佛教文化中的文化，也得從裏頭取義而以佛教為修飾詞（限制詞）。它包括佛教所專屬的終極信仰、觀念系統、規範系統、表現系統和行動系統。在分稱上，無妨以佛教的終極信念、佛教的思想觀念、佛教的道德規範、佛教的文藝表現、佛教的管理行動等標目，而略去「系統」一類較抽象的用詞。

　　以佛教的終極信念來說，它無疑的顯現在對一個具有絕對寂靜或清靜義的涅槃境界或實相世界或佛國淨土的追求和體證上（于凌波，1993；木村泰賢，1993；洪啟嵩，1996）。這個涅槃境界或實相世界或佛國淨土於理是人所能經由禪修或禪悟過程而趨入的，跟一神教所說有一超越實體（神或上帝）作為企慕的對象迥異，似乎不宜並用信仰一詞。但我們也得知道佛教所說的涅槃境界或實相世界或佛國淨土並不是短少能耐的人所能輕易趨入的，就在大家想趨入而不容易趨入的狀況下，姑且說它已經形同（大家的）一個信仰對象。這一部分，在佛教內部歷來並沒有什麼改變，也沒有人能加以改變（至於趨入的方式以及趨入的進程，後人見解不同，那是理中合有，並不關緊要），否則佛教就不再是佛教了。

　　此外，有關佛教的思想觀念、道德規範、文藝表現和管理行動等等，就不是那麼容易可以用簡單的幾句話帶過去。如思想觀念部分，佛教以「緣起觀」來說明現實世界的存在，並預告「逆緣起」或「超緣起」是唯一的解脫路；但光一個緣起觀就衍生出業感緣起、阿賴耶緣起、如來藏緣起、法界緣起、六大緣起等不盡相同的緣起法則（蔣維喬，1993；方立天，1994b；陳沛然，1993；黃俊威，1996），何況還有心識的變現能力以及變現途徑等曲繹紛紜的說法呢（黃公偉，1989；吳汝鈞，1988；霍韜晦，1989；馬定波，1974）！又如道德規範部分，佛教所預告的解脫路，早期僅以八正道（正見、正思維、正語、正業、正命、正精進、正念、正定）、五戒（不殺生、不偷盜、不邪淫、不妄語、不飲酒）為方便指引；後來又發展出平等慈悲、自利利他等共善業的籲求；到了現代更因環保問題的日益嚴重以及一種深綠色思想的儼然成形，使得佛教又兼行保護生態環境的倡導者和實踐者（釋聖嚴，1965；釋昭慧，1995a；北京大學哲

學系等編，1995；釋傳道主編，1996；佛光山文教基金會主編，1996a）。而經過這多重的轉變後，佛教已經更進一步的站上了世界舞臺的前沿，後人隨便掂取一點都不足以說盡佛教的努力和貢獻。又如文藝表現部分，佛教由原來所重視的文字般若，逐漸蛻變出傾向世俗的審美感受，而有文學和建築、雕塑、繪畫、音樂、舞蹈等藝術的表現，並且在異時空中流衍幻變，也已形成一個繁複而難以窮究的盛大景觀（吳進生，1997；吳焯，1994；星雲大師編著，1995a；佛光山文教基金會主編，1999；李志夫主編，1998；加地哲定，1993；孫昌武，1995；周慶華，1999d）。又如管理行動部分，佛教從有寺院組織開始，就逐漸發展出一套有別於俗世所見的管理制度，它包括內部各種儀軌的設立以及跟社會互動模式的規劃，都相當可觀；尤其在各傳播地又因時制宜而變通增飾的情況，更提高了它的複雜度；而晚近為了因應時代的變遷，引進企業管理和發展社會福利事業，也為佛教自己開創了一個令人刮目相看的新紀元（星雲大師編著，1995b；張運華，1998；丁仁傑，1999；王順民，1999a；內政部編，1994；佛光山文教基金會主編，1996b）。以上這些，想來已經感到千頭萬緒，更遑論一一去觀察體驗。雖然如此，佛教文化所及範圍，大略都在這裏了。

　　當今所見題為佛教文化的專文或專書，大都流於泛說淺見，無法給人整體的概念，在基本層次上已經不足以成為認知用的依據，更別說能有效的為人指出發展佛教文化的方向。如有的把佛教文化視為「佛教的基本教義、重要歷史人物、佛教的傳播、佛教的派別、佛教的典籍、佛教的藝術等等」的綜合體（中國社會科學院世界宗教研究所佛教研究室編，1989）；有的把佛教文化當作「佛教藝術、佛教文學、佛教風俗、佛教政治、佛教經濟、佛教教育等等」的代

名詞（何雲，1996）；有的把佛教文化等同於「佛教中的哲學、道德、教育、文學、藝術、風俗習慣、生活方式等等」的幾何涵數（佚名，1988；淨慧主編，1991），這不是含混籠統，就是可以無限衍變（只要能夠析出可說的成分，就可以並列呈現），幾乎喪失了「綱舉目張」的理論上的意義。此外，凡屬在歷史上出現的佛教文化，也常被簡化為有如祖先所留田地般的遺產而忽略了它的持續作用力（佛光山文教基金會主編，1998）。這明顯不符合歷史是一個連續體的事實，也未能透視一種創造力續發所據的文化密碼不為時間轉移的內幕【希爾斯（E.Shils），1992；沈清松編，1995；路況，1990】。因此，本書所立的架構，在總攝佛教的表現上，不啻特能禁得起理論和實際的考驗。

有位論者在討論文化研究的種種問題時，有這麼一段話：「在文化討論中最流行的一種見解是，用單純的知識論的觀點去看待並規範文化，亦即僅僅把文化看作是一種知識形態，這在客觀上會導至如下的結果：一方面，知識追問的是對象的本質，用知識論的眼光看文化，就會停留在文化傳統中遺留下來的一些問題和爭論中，停留在對文化定義的追問中……因此，必須超越單純知識論的眼界，結合今天生活的實際需要研究文化問題。要言之，研究文化不光是為了獲得一種知識，更重要的是履行生活中的一種責任。另一方面，知識追求的是客觀性、確定性、用單純知識論的眼光去看待文化，就會形成只關心客觀地去說明或解釋文化的現象。比如，在研究文化傳統中的某個人物或某個問題時，力圖用語言客觀地複製出這些歷史的蠟像，無休止地追求客觀性，必然排斥並否棄研究者的主觀因素，如個人風格、特徵等等，特別是使研究者無法把自己的價值觀投射到研究對象上去。這樣的文化研究或討論只可能做『述』的

工作（不可能做『論』或『評』的工作）……只有超越單純知識論的範圍，才可能根據今天的價值觀提取出傳統文化中合理的東西，整個文化討論才不會停留在歷史的塵埃中，而是以積極的態度面向現實，面向未來」（俞吾金，1995：47～48）。這說的頗好；我們探討佛教文化，也正需要參與它的脈動，將它內化在自己的生命中隨機發用。而上述為佛教文化所作的爬梳，除了展現思維的立體感和理論上的深度，還預期了一個可能的轉進方向和踐履上的極地（再度將整體社會予以淨化致善），可以充分顯示佛教文化這個（複合）概念該有的生命活力以及在往後相關論說中將行奠基的身分地位。

第三節　佛教的文化事業

　　佛教文化，如上所述是佛教所專屬的文化的簡稱。它的各次系統（包括終極信仰、觀念系統、規範系統、表現系統和行動系統）在演變發展的過程中，除了局部為了跟社會互動而有所借取增飾，其餘都能保有自己的特色。因此，說「佛教文化」或「佛教的文化」，就是一種理所當然的稱呼。底下繼續要談的佛教文化事業，因為有佛教的文化作為限制詞，所以它自然也有別於非佛教的文化事業。

　　雖然如此，這裏所說的事業，還是略異一般辭書通見的「人生所作有益於社會國家的事」那一釋義，它仍得在佛經的脈絡裏予以界定。依照三藏經典所示，事業合用為同義複詞，分列則事（梵語Artha）指「因緣生之有為法」（丁福保編，1992：1244），又可以分為「有情事」（指有關眾生的事，如突吉羅的罪責心悔，乃至波逸提，四提舍尼、偷蘭遮等的懺悔）、「非情事」（指有關三衣一鉢等無生物

的事，如三衣的分別法、鐵缽的守持法等）和「二合事」（指合以上二方的事，如藥守持法中的藥本身為非情事，病患則為有情事，二者相合就是二合事）等三種；而業（梵語 Karman，巴利語 Kamma）則指所作、事、辦事、辦事作法、行為等，含有善惡、苦樂果報的意味，也就是跟因果關係相結合的一種持續不斷的作用力（佛光大辭典編修委員會主編，1995：6137～6139）。它是成波羅蜜多的七最勝之一（七最勝，指（一）安住最勝，安住於菩薩的種性；（二）依止最勝，依止於大菩提心；（三）意樂最勝，悲愍一切有情；（四）事業最勝，具行一切事業而不限一行；（五）巧便最勝，住於無相智，了達一切法如空如幻而離執著；（六）迴向最勝，迴向於無上菩提；（七）清靜最勝，不為煩惱、所知二障所間雜）（《成唯識論》卷9，《大正藏》卷 31：51 中、下）；同時它如果為菩薩所行，那麼又可以匯入十八圓淨範圍（十八圓淨，是指諸佛所住淨土具備有十八種圓滿的殊勝功德，包括色相圓淨、形貌圓淨、量圓淨、處圓淨、因圓淨、果圓淨、主圓淨、助圓淨、眷屬圓淨、持圓淨、業圓淨／事業圓淨、利益圓淨、無怖畏圓淨、住處圓淨、路圓淨、乘圓淨、門圓淨和依止圓淨等）（佛光大辭典編修委員會主編，1995：358～359）。

　　基於上述這個前提，所謂佛教的文化事業，就是仿菩薩為二乘、凡夫等作一切利益的事而將佛教的文化推擴開來。它可以跟世道齊造共業，但又獨為突進以去執離苦為最終訴求（不只對「社會國家有益」而已）。這在古代多見於著述、纂集、出版、講經、授徒等作為；近代以來，則又增加興學、設講座、利用音聲影視等媒體弘法（釋聖嚴，1993a；曉雲法師，1998；佛光山文基金會主編，1996c）。此外，佛教界有意無意締造的佛教文學和藝術（包括建築、雕塑、音樂、繪畫等等）以及開發或利用的傳播媒體，也一併成了佛教的

文化事業的表徵。尤其是後者，至今所能見到的傳播媒體（如電視、電影、廣播、書籍、雜誌、錄音帶、錄影帶、磁碟片、光碟片、網際網路、演唱、戲劇表演、繪畫、建築、雕塑、音樂等等（李茂政，1986；方蘭生，1988；張玉燕，1996），幾乎都有佛教團體在參與開發和利用，無形中把佛教的文化事業擴大到無以復加的地步。

　　有關佛教的文化事業，所能考求的範圍大致如上所述，剩下來的是它的擺放位置以及果效評估的問題。前者（指擺放位置），我們知道佛教的文化事業著重在傳播，而傳播行為本身也是文化的一環，它屬於行動系統中的管理技術範疇（且牽涉政治、經濟、社會等層面），為了論說方便才把它獨立出來；其實佛教的文化事業也為佛教文化所統攝，我們無從在佛教文化的範圍外去找佛教的文化事業。因此，佛教的文化事業，就是佛教文化的次次系統；如果為了避免混淆，將文化一詞省略而逕稱為佛教的事業，也未嘗不可（只是它還有教育事業、慈善事業、醫療事業、觀光事業等等有待區隔指稱，所以還不便就這麼處理）。後者（指果效評估），得從菩提達摩初來中士，被梁武帝迎請到金陵，兩人相遇時的一段對話談起：

> 帝問曰：「朕即位已來，造寺寫經度僧不可勝紀，有何功德？」師曰：「並無功德。」帝曰：「何以無功德？」師曰：「此但人天小果有漏之因，如影隨形，雖有非實。」帝曰：「如何是真功德？」答曰：「淨智妙圓，體自空寂。如是功德，不以世求。」（《景德傳燈錄》卷3，《大正藏》卷51：219上）

倘若順著菩提達摩的話尾來推，所有的佛教的文化事業也沒有什麼功德可言；因為那些都是「但以世求」而遠離「淨智妙圓，體自空寂」的體證實修。但也不然！前者的施設還是有它的必要性；如果

真要說功德的話，那麼它的指月或筌蹄作用就是它的（第二義的）功德所在。佛經的「本義」應當如此，菩提達摩以一己的會意想要凌駕他人的會意，並不妥適。唯一值得分辨的是，佛教的文化事業也在善行之列，而依佛教的勝義諦來說，行善本身並無助於解脫（仍在善惡果報等生死苦海中輪迴），但行善後不居功或不念其善行，則可解脫（去其執念，不再墮入生死苦海而輪迴不盡）。這也就是禪宗所闡釋的「所以一切聲色，是佛之慧目。法不孤起，仗境方生。為物之故，有其多智。終日說，何曾說；終日聞，何曾聞。所以釋迦四十九年說，未嘗說著一字」（《宛陵錄》，《大正藏》卷 48：385 下），說了而不執念所說，做了而不執念所做；福報予人，自己情盡見除、脫體現成，終入佛道。

佛教東來，多得帝王護持，唯物論者都說它的善惡果報說給予帝王統治的合理化作依據（任繼愈主編，1981；湯一介主編，1994；行政院大陸委員會編，1995）。但須知善惡果報乃在生死輪迴苦海裏存在，並非佛教求解脫的究竟義所在，佛教當不以為傳教衷曲。即使是為求善果，那麼帝王多積功德也不是壞事，何必定要說成那是藉來愚民的工具？依此類推，當今的佛教的文化事業，也得比照看待，不必懷疑它的善行動機。

第四節　佛光山的文化事業

同樣的道理，佛光山創立三十幾年來，廣行菩薩道，安僧渡眾，福利社會，已經譽滿全球，理當可以一償干雲豪氣或醉心宿願了，但「心懷渡眾慈悲願，身似法海不繫舟」的星雲大師，卻以「問我

平生何功德，佛光普照五大洲」一語輕輕帶過（星雲大師，1999a：
11），所留予人的是一個大智慧者圓滿佛菩薩功德的無量聖相，值得
世道同為感懷憑沐。這是（任誰）考察佛光山的文化事業一個不可
或缺的先驗性的知見前提，否則不免落入俗流無謂的詆譏，而全然
不知自己正缺乏寬宏心量和濟世熱誠。

　　在對佛光山的文化事業有一概括的擬議界說前，還得先了解星
雲大師為一切佛化事業所作努力背後的那股「不屈不撓」的意志。
所謂不屈，指的是他不屈從俗見而堅持行所當行，如「社會上，因
為完全不了解佛法而誤解空義者，固然在所難免，對於佛法一知半
解而誤導空義者，也大有人在。例如，有些人以為一切皆空，無常
幻化，不應執著，所以什麼都不在乎；有些人覺得一切皆空，應及
早出離，不應貪取，所以主張自修自了；甚至有些人賣弄世智辯聰，
以空義來眩人耳目。其實，如果執著於不執著，不也是一種執著嗎？
貪取於清靜無為，不也是一種貪取嗎？以不知佯裝知，不更是自欺
欺人的作法嗎？這些人既然無法與『空』的真理相應，又怎能擁『有』
佛法的真實受用呢」（星雲大師，1999f：259～260），正顯示了非常
人所能備有的菩薩情懷；而所謂不撓，指的是他不撓折菩提心而盡
情協和百慮，如「像佛陀，春夏秋冬皆著一糞掃衣固然覺得自在悠
遊，即使披上帝王所賜的金縷衣也絲毫不感到驕傲；既可以粗茶淡
飯度日，也可以美味佳餚佐食；既能夠在樹下餐風宿露，也能夠安
住於瓊樓玉宇；既可以自己獨處山林，也可以與四眾弟子共處；受
到尊崇供養時始終如如不動，被人毀謗誣蔑時也不疾言厲色……佛
陀對於富貴貧賤、窮通得失，善惡淨穢，美醜高下，既不繫念於心，
也不隨世逐流。這種隨遇而安，將『空』理落實於生活的精神正是
佛陀最大的『富有』，也是佛陀留給後人最大的遺產……至今我以古

稀之齡，帶著開過刀的老病之軀，每天面對排得滿滿的行程，但我不覺得身邊有人、有事，所以我能同時辦理很多事情，也能同時聚集不同的人講說不同的話題。我不覺得來到此處，來到彼處，所以我能臥枕而眠，也能坐車入睡；我能在飛機上說法，也能在潛艇裏開示。有人問我，『有什麼秘訣可以如此任性逍遙？』我經常以道樹禪師（無變）的故事，來向大家說明順應自然，實踐『空』理的好處……」（同上，260～268），也正透露了非常人所能企及的力佛潛質。這種情況，還可以《星雲禪話》中所舉的一個例子來作比擬：

有兄弟三人，雖然沒有出家，但是喜好打坐參禪，因此就跟隨佛光禪師學禪。時日一久，為了求更高的悟境，一起相約出外行腳雲遊。有一天，在日落時借宿於一個村莊，恰巧這戶人家的婦人剛死去丈夫，帶了三個子女生活。第二天，三兄弟正要上路的時候，最小的弟弟的就對兩位哥哥道：「你們兩位前往參學吧！我決定留在這裏不走了。」兩位哥哥對於弟弟的變節非常不滿，認為太沒有志氣，出外參學，才見到一個寡婦就動心想留下來，氣憤地拂袖而去。這位新寡婦人一個婦道人家要獨自撫育七個年幼的孩子實在不容易，幸好有這位三弟自願幫助她。她看到三弟一表人才，就自願以身相許。三弟說：「你丈夫剛死不久，我們馬上就結婚實在不好，你應該為丈夫守孝（喪）三年，再談婚事。」三年以後，女方提出結婚的要求，三弟再拒絕道：「如果我和你結婚，實在對不起你的丈夫，讓我也為他守孝（喪）三年吧！」三年後，女方又提出要結婚，三弟再度婉拒道：「為了彼此將來的幸福美滿，無愧於心，我們共同為你的丈夫守孝（喪）三年

再結婚吧！」三年、三年，再三年，經過九年，這一戶人家的小兒小女都長大了，三弟看到他助人的心意已完成，就和婦人道別，獨自步上求道的路。（佛光大藏經編修委員會主編，1994a：23～24）

禪話中的三弟，兼具佛菩薩的條件，助人而不以助人為念，猶如星雲大師善緣結盡而空諸執著，同登解脫勝境。所謂佛光山的文化事業，就是有這樣的因緣在促成和賡續著；而它也是（在我個人看來）特能感動人心的地方。

　　正如前章第三節所說的，佛光山的文化事業「在佛光山是作為弘法的媒介以及培植興教人才和倡導人間佛教的先行，但又是佛光山由內塑精神到外化行動而能獨顯殊異的現世體證所在，可以想見它的事涉複雜又韻味別具」。前者（指作為弘法的媒介以及培植興教人才和倡導人間佛教的先行），顯現在藏經的編纂、佛學書籍的製作出版和各種傳播媒體的開發利用等作為裏；後者（指由內塑精神到外化行動而能獨顯殊異的現世體證所在），則顯現在藉由出版品及佛教藝術的創作將佛光山的宗風和理念以及內部運作和對外行善的情況予以和盤托出。這種經營方式，有工商企業的管理精神，但沒有工商企業的營利目的；它是屬於非營利事業範疇（徐木蘭，1994；龔鵬程，1996；鄭志明主編，2000），著重在社會教化和社會福利服務（內政部編，1995；宋光宇，1995；王順民，1999b）。此外，這種經營方式既是以公益服務為宗旨，那麼它所提供給社會的就是「價值產品」，而不是「商品」；以至「它不但本身在社會上的倫理價值十分明確，也向社會提供價值內容與方向」，同時「從業人員擔任此種工作，利潤報酬或許不高，但卻能充分獲得價值感，具有自我實

現及成就社會價值之雙重意義」，遠非其他營利事業所能相比（而一般企業管理如果想轉型或提升，也很可以從這裏取鏡）（龔鵬程，1998：414～416）。底下各章，就是要針對上述這些層面進行「分疏而統合」的討論，以便了解佛光山推動佛化事業的苦心孤詣和期世成就。

第三章　佛光山的宗風和理念

第一節　四大宗旨

　　就佛光山作為一個佛教團體來說，它是有所傳承且不離佛教本旨的；但在變動劇烈的現實環境中存在，它又不得不別為選擇有利途徑發展，從此不意而走出一條比先前任何一個教派更為寬廣的道路。換句話說，佛光山在佛陀的教示下，又有了一些新的創見，而結成它所專屬的終極信仰。所謂佛光山的文化事業，一言以蔽之，就是在凝聚這種信仰的力量以及推廣這種信仰的效益。因此，想探知佛光山所從事文化事業的來龍去脈，就得先了解它的相關的信念。這首要的是星雲大師從開山以來，為了弘揚佛教「法喜利生」的精神而訂定的四大宗旨。

　　星雲大師於十二歲時，在南京棲霞山寺禮志開法師披剃出家，為臨濟宗法脈第四十八代傳人，曾經追隨太虛大師的改革佛教的理念而從事寺院的整頓工作。1949 年春，隻身來臺，參與僧侶救護隊，先後應邀到宜蘭、高雄等地弘法。1967 年在高雄縣大樹鄉麻竹園創建佛光山寺，致力於推動佛教教育、文化、慈善、弘法等事業。而後陸續在世界各地創建二百多所道場、並創辦多所美術館、圖書館、出版社、書局、雜誌社、報社、廣播電臺、衛星電視臺、雲水醫院、佛教學院以及興辦多所小學、中學、大學等。此外，還設立大慈育幼院和仁愛之家，收容撫育孤苦無依的幼童和老人，並多方從事急

難救助、賑災濟貧等福利社會工作。1977 年成立佛光大藏經編修委員會，編纂《佛光大藏經》、《佛光大辭典》、《佛教史年表》等。此外，又相繼編著《佛光教科書》、《佛教叢書》、《佛教祈願文》和出版《中國佛教經典寶藏（白話版）》等。而他本人的代表作，也有《釋迦牟尼佛傳》、《十大弟子傳》、《玉琳國師》、《海天遊蹤》、《星雲禪話》、《星雲日記》、《往事百語》、《星雲大師講演集》以及《有情有義》有聲書等。1985 年，依組織章程宣布退位，傳法於大弟子心平。1992 年，應信徒要求，成立國際佛光會，被推為總會會長，並膺任世界佛教徒友誼會永久榮譽會長。於今已跨入二十一世紀（當時年七十四歲），仍席不暇煖的穿梭於世界五大洲弘法渡眾，將人間佛教徹底的普及實踐，實不愧為有高度成就的當代大宗教師（佛光山宗務委員會編，1997a、1999；符芝瑛，1995；鄭問，2000）。

綜觀佛光山三十多年來的經營方針，可以「以教育培養人才，以文化弘揚佛法，以慈善福利社會，以共修淨化人心」四句話來概括。這是星雲大師在創建佛光山之初，就訂下的工作重點，也成了佛光山的宗旨所在。對於這一點，星雲大師曾經有過概要的說明：「這四大宗旨是彼此相輔相成，並行不悖的，尤其是我對人間佛教思想理念的具體實踐。譬如：為了讓佛教徒重視現世生活，讓大家在有生之年都能往『生』佛光山這片人間淨土，而不是一味把希望寄託在來生，因此我創辦了佛光精舍，提供老者安單；我設立大慈育幼院，撫孤育雛；乃至創設佛光診所、雲水醫院、萬壽園等，讓人的一生之生老病死，都可以在佛光山完成，這就是佛光山的慈善事業。不過，更重要的，我覺得佛教應該要弘揚教義，要以佛法來淨化人心，這才是佛教的根本，因此佛教需要說法、需要傳教、需要教育。近年來佛光山所屬的講堂在海內外陸續成立，主要的目的，就是要

讓大家有固定的地方聽聞佛法，讓大家有機會接受佛法的教育，藉以提升信仰層次。在此前提之下，弘法人才的養成就更形重要了……因此早在壽山寺我就創辦了壽山佛學院，著手於人才的培養，甚至當初創建佛光山，主要也是為了興學育才……最近更在眾緣成就之下，我又擴大教育層面，興辦佛光大學，希望藉此能將佛教的精神注入廣大的社會人羣之中，甚至以更大眾化、通俗化的佛學會考來推展社會教育工作……教育之外，文化也是佛光山弘法的重心。文化不但是千秋萬載的偉業，文化更是教育的根苗，以文化精華來為社會教育紮根，大眾才有正確的依循。因此，多年來佛光山一直致力文化的弘揚，許多默默筆耕者，如今也已漸有所成……可以說，佛光山雖是寺廟，但是所從事的是綜合性的文化、教育、慈善、共修等利生工作。佛光山的事業，都是因著信徒的需要而『推』著我們去籌辦的。因為信徒對佛法有不同的需求，諸如聽經聞法、參禪念佛、法會共修、吃齋拜佛、座談論道、發心義工等，佛光山的弘法也因此是多元化的，而且只要是信徒需要的。只要與佛法有關的，絕不輕易捨棄一法」（佛光山宗務委員會編，1997b：1～2）。換句話說，佛光山是一個全方位發展佛化事業的教團；它不但要安頓人的身，也要教化人的心，甚至還要啟導大家共善業，齊為永世的人間淨土而效力。這在為「普利天下有情」而成立國際佛光會後（星雲大師，1997b），距離理想境地又近了一步。

　　從內在精神的聯繫來看，星雲大師在開山時，就有意把佛光山建設成十方叢林，接引十方信眾，一如〈佛光山開山碑文〉所說的：「佛光山他日當成十方叢林，斥特殊故，標大眾化；崇自給故，倡企業化；祛保守故，期國際化；益社會故，稱福利化；淨人心故，示觀光化」（佛光山宗務委員會編，1987：519～520）。而這一發願

（全方位發展），已在日後因緣具足下一一的實現了。五年前有學者所盛贊的「整個佛光山教團的龐大事業，無論在僧伽教育、道場弘法，或是佛教學術、國際交流等各方面，都遠非其它教團所能及」（康樂等，1995：113），如今依然傲視羣倫。由於這是信眾共同促成的偉業，所以星雲大師也不諱言要歷數它的成就：「經過多年來的努力，以及在十方信眾的護持下，佛光山的確已成就了不少值得皆大歡喜的貢獻，例如：（一）臺灣佛教人口增加；（二）青年學佛風氣日盛；（三）在家弟子弘揚佛法；（四）人間佛教獲得認同；（五）傳播媒體重視佛教；（六）佛教文物廣泛流通；（七）佛教梵唄受到尊重；（八）佛光人會蓬勃發展；（九）教育學界肯定佛教；（十）政黨人物實踐佛教；（十一）演藝人員皈依佛教；（十二）佛學會考成績輝煌。甚至影響所及，已經帶動臺灣佛教：（一）從傳統的佛教到現代的佛教；（二）從獨居的佛教到大眾的佛教；（三）從梵唄的佛教到歌詠的佛教；（四）從經懺的佛教到事業的佛教；（五）從地區的佛教到國際的佛教；（六）從散漫的佛教到制度的佛教；（七）從靜態的佛教到動態的佛教；（八）從山林的佛教到社會的佛教；（九）從遁世的佛教到救世的佛教；（十）從唯僧的佛教到和信的佛教；（十一）從弟子的佛教到講師的佛教；（十二）從寺院的佛教到會堂的佛教；（十三）從宗派的佛教到尊重的佛教；（十四）從行善的佛教到傳教的佛教；（十五）從法會的佛教到活動的佛教；（十六）從老年的佛教到青年的佛教」（佛光山宗務委員會編，1997b：3）。

　　佛光山這樣積極的推展佛化事業，無非是要「弘揚人間佛教，開創佛光淨土，建設四眾教團，促進普世和慈」（同上，22）。也就是說，「辦教育」、「興文化」、「做慈善」、「倡共修」，都是為了讓大家在現世享和樂得福報。而這樣的用心和踐履的力度，已經不是傳

統任何一宗一派所能範圍（包括星雲大師先前所承繼的臨濟禪宗）；
同時也不是還在區分「如來禪」、「祖師禪」、「日本禪」（洪修平等，
1997；董羣，1997；梁曉虹，1997a）一類禪法的人所能想像於萬一。
對於這樣的教派，究竟要如何稱呼？稍早星雲大師略有自我定位：
「目前佛光山不屬某一宗派，假如有人一定要問什麼宗派，我們就
說它是『釋迦宗』吧」（星雲大師，1979：148），但後來好像又別有
屬意：「開山時有言，佛光山繼太虛大師理想，八宗兼弘，（但）如
超越八宗之外，建立另一宗風叢林，亦盛事也」（星雲大師，1991：
148）。由「八宗兼弘」轉為「超越八宗，建另一宗」，卻未落名；以
至有人直接派給它一個「佛光宗」的名稱（康樂等，1995：115），
其實也甚的當。不過，佛光山既然已經超越各種宗派的侷限，還要
稱它（或自稱）為什麼宗什麼派，也不免有點奇怪。看來，還是「佛
光山」最好！

第二節　八種實踐風格

由四大宗旨出發，又有所謂八種宗風（包括：（一）八宗兼弘，
僧信共有；（二）集體創作，尊重包容；（三）學行弘修，民主行事；
（四）六和教傳，四眾平等；（五）政教世法，和而不流；（六）傳
統現代，相互融和；（七）國際交流，同體共生；（八）人間佛教，
佛光淨土）和八種性格（包括：（一）人間的喜樂性格；（二）大眾
的融和性格；（三）藝文的教化性格；（四）菩薩的發心性格；（五）
慈悲的根本性格；（六）方便的行事性格；（七）國際的共尊性格；（八）
普世的平等性格）（佛光山宗務委員會編，1997b：22）。這是較為具

體的行事指標，跟前者（指四大宗旨）合稱為佛光山實質上的「宗風」；也就是佛光山團聚的終極性的信念所在。

　　就整體上說，佛光山是一個強調融和喜樂的教團，對內超越一宗一派的狹小格局且契合現代法制潮流；對外發心慈悲與人為善且包容尊重平等共榮。這一點，不只見於理論，更見於實踐。前者（指超越一宗一派的狹小格局且契合現代法制潮流），在星雲大師來說，頗有感慨於佛教各宗派之間的對立衝突：

　　　　佛教裏有主張專宗修行一門深入的，專宗修行不錯，但不能有宗派的爭執。不管你是禪宗，他是淨土宗，我是天臺宗，但大家所修學的都是佛法，應互相尊敬，不要互相非難，我個人覺得佛法義理融通比佛法宗派對立要好。

　　　　有一段笑話說，有一個師父兩腿患了風濕病，就由兩個徒弟輪流按摩，大徒弟按摩左腿，小徒弟按摩右腿。每次輪到師兄按摩時，師父就讚美師弟的按摩技術；輪到師弟按摩時，師父又說師兄按摩得怎麼好，師兄弟二人每次聽了滿肚子不高興。有一天機會來了，師兄知道師弟外出不在寺中，就把他按摩的右腿打斷，讓他回來按摩不到，師父也不會稱讚他了；可是小師弟回來一看自己按摩的師父的右腿沒有了，心想一定是師兄搞的鬼，好，我也把你按摩的左腿打斷，看你以後怎樣按摩？

　　　　兩個徒弟為了互相嫉妒，逞一時之氣，師父的兩條腿沒有了，被害的不是徒弟而是師父。現在修學禪宗的就批評念佛的人靠他力沒有出息，修學淨土宗的人又譏嘲參禪的會走

火入魔，各宗派為了自己的教派而歧視別人，但損失究竟是
誰？還是釋迦牟尼佛，還是佛教啊！（星雲大師，1979：147）

因為有前車之鑑，以及擔心佛教慧命中斷，所以他在經營佛光山的
過程中，就特別注重現有中國大乘八宗（淨土宗、律宗、密宗、天
臺宗、華嚴宗、三論宗、唯識宗、禪宗）的融和，並呼籲各宗派分
流並茂：「有人詬病佛教的宗派分立，致使佛門多歧，不易團結。在
印度有所謂部派佛教，在中國有所謂大乘八宗，南傳北傳喋喋不休，
顯教密教議論不已。其實這些意見爭論，並無關緊要，因為同為文
學，內中體例還分詩詞歌賦、小說散文；同為哲學，內中發揚還分
東西論證，各家各說。為法有多種，路有多條，百花齊放，萬家爭
鳴，是極自然的現象……現在時代潮流，也崇尚民主分流，思想信
仰不同，只要互相尊重，你乘火車，他乘汽車；你乘輪船，他乘飛
機；交通工具儘管不同，到達佛國的目的則一。有了鐵路，為什麼
不可加建一條高速公路？眾生根機不同，有人性好參禪，也有人性
好念佛；有人喜歡談空，也有人喜歡說有，隨性分流，隨派分歧，
我們贊成佛教各家發揮所長，為自己所奉獻之宗派，普建叢林，樹
立風宗，不必同一條路上擁擠。百川流入大海，同一鹹味；路途雖
殊，佛教空間將會更廣大」（星雲大師，1991：145～146）。有這種
見識，才是真正的得道者。而星雲大師個人寬闊的胸襟氣度，也使
他成了韋伯（M.Weber）所說的具有超凡異人的卡理斯瑪型的領袖
（韋伯，1991），深得徒眾願意無條件、真心的追隨聆教。此外，在
契合現代法制潮流方面，星雲大師從開山以來，就目標明確的要把
佛光山建設成制度化的現代叢林。這是他觀察既有的叢林寺院迫於
時勢又多不長進後，誓願為佛教重開新局的：

現在寺院組織行政最大的缺點，就是住持沒有任期，一
任住持，至死方休。職事沒有進修的機會，彼此沒有輪調的
制度；濫收徒眾，濫授戒法，師道沒有尊嚴，倫理不受重視。
更有甚者，經濟財物全憑個人處理，致使問題重重。寺院住
眾，大都只憑道德良心，不重法制規章，行政經驗固然缺乏，
公門常識又差，若不建立現代化的組織行政，混亂一團，可
以想見！

（又）過去叢林寺院，只有上座開示，初學閉眼聆聽，
很少開會議決。戒律中雖有三番羯摩、誦戒布薩，但已少人
奉行；民權初步、會議常識更少人注意。現在時代進步，到
處有里民大會，各種座談會、協調會，尤以寺院有信徒大會、
佛教會有理監事會，如果不重視會議法規，如不重視眾議公
論，不守時守分，不敬你讚他，必然不能適應時代。（星雲大
師，1991：120～121）

這點想望，在佛光山早已實現，不但建立了制度化的行政組織，還
展現了高效率的實際運作，而屢次獲得政府及社會各界的肯定和褒
揚（佛光山宗務委員會編，1997a；1999）。這些本來都是世學，需
要一段時間摸索嫻習，才能步上軌道；既使是星雲大師本人，也不
例外要經歷一段心理的轉換或掙扎期：「雖說我生性『從善如流』，
但回憶年經時，畢竟血氣方剛，也有非常固執的一面，例如：對於
建築的外觀設計、室內的裝潢布置、活動的程序內容、事務的先後
步驟等，既已訂定，就不喜歡別人輕易更動。隨著年齡的增長，見
識越廣，或許是受了西方民主觀念的影響，我執日益淡薄，只要對
方言之成理，大家沒有異議，我就不予置評，自覺在『從善如流』

的層次上更為進步；而佛光山的建築式樣、活動型式也因多樣化而顯得多采多姿；弟子們更因為和我在一起，能有發表意見的機會，所以我所到之處，總是被一堆人簇擁而行」（星雲大師，1999d：109～110），但宿慧根淺的人，就無法像他那樣悟解得快：「在佛光山，每一個人都有自由發言的權利。有時我才說了一句話，周遭的人也爭相表達意見，如同小犬齊吠。有時，我話還沒說，徒眾反倒先開口：『師父！您聽我說……』『師父！您都不知道啊……』真是誰大誰小？儘管有時對於他們所說的話不以為然，我還是耐煩傾聽。有人對我說：『他們是弟子，禮應恭敬，你何必要對他們那麼客氣？』話雖不錯，但想到過去古德對於弟子的自矜，曾留下『老為大，小有用』的教誨，這何嘗不是『三分師徒，七分道友』的襟懷？佛寺的山門前面，總是有一尊大肚能容的彌勒菩薩，笑容可掬地接引來者，等到入了山門，回頭才看到手持金剛杵的韋馱護法，這正說明了佛門的教育，既有彌勒菩薩愛的攝受，又有韋馱護法力的折服。唯有先讓徒眾敞開心門，暢所欲言，我們才好觀機逗教，以種種方法調伏慢幢，讓對方窺見佛法的堂奧」（星雲大師，1999f：86～87）。可見佛光山的成功背後是有大智慧在的，局外人總難以管窺蠡測。

　　至於後者（指發心慈悲與人為善且包容尊重平等共榮），則是佛光山一貫的信念和作為，也是星雲大師善根功德迴向十方信眾的具體展現。這從佛光山所從事的疾病醫療、急難救助、賑災濟貧、撫孤育雛、老人安養、友愛服務、觀護教化等慈善福利工作，以及不斷透過弘法講道、法會共修、佛光會的互助聯誼、跟友教他教及社會各界的交流合作等實際活動，就可以充分的看出來。而星雲大師個人的自述經驗，更增添一份恬美感人的氣氛：

　　假如有人問我：「為什麼要出家？」我會回答：「為了圓滿人生，做個好人。」他若繼續問我：「如何圓滿人生，做好人？」我會毫不遲疑回答他：「行善與教化。」的確，回想起來，「行善」，是我這一生努力的目標；「教化」，是我們出家人對社會應有的責任。「行善與教化」可以說就是我一生努力的目標。

　　……

　　為了實踐「行善」與「教化」，我總是努力告訴自己要勤行效法諸佛菩薩「福慧雙修」與「悲智雙運」的精神，因為行善要有福德慈悲，教化要有般若智慧，才能廣渡眾生。

　　所以，數十年人生一路走來，有人主張放生，我就舉辦放生法會，但是我覺得在放生之後，更要緊的是「放人」。多少人在水深火熱中，等待著我們援助；多少人在飢寒交迫下，等待我們救護；多少單親家庭需要春風吹拂；多少孤獨老人等待暖流到來；多少四肢不全的傷殘人士，需要陽光；多少家遭急難的不幸者，盼望援手。所以我對放生行善的觀點，總覺得「行善」也是「教化」人間。

　　有人說為人看病很重要，我也成立診所醫院，為窮苦的人免費診療，但我覺得佛教的使命，治心比治身更重要，所以我設立雲水醫院，不但送醫療到偏遠地區，而且派有善說佛法的法師隨隊出診，隨機、隨緣為病患解答生活疑難，做心理上的輔導及開示。因為我覺得，心病好了，會增進身體的健康。

　　有人說養老育幼很重要，我也辦養老院、孤兒院、托兒所、幼稚園，但是我覺得並不單養老育幼重要，生、老、病、死都是人生重大的問題，所以我開創佛光山的時候，決定要將人一生所有生、老、病、死的問題都能用佛法解決，讓佛

光山的內容，可以成為「人一生的慧命之家」，甚至我鼓勵大
家應當今世往生佛光淨土，不必等到來生。

　　說到「教化」，有人說興學、出書很重要，我不但興建佛
教學院，培養弘法人才；興建普通小學、中學、大學，培養
社會人才；辦理佛教雜誌，弘揚佛陀的真理；開設佛教出版
機構，宣揚佛陀的法音；我更覺得應該進一步效法佛陀的觀
機逗教、應病與藥及觀音的普門示現、隨類應化的精神，關
照到所有不同層次，不同需求的眾生。因此，對於喜歡念佛
的信徒，我為他們組織念佛會；對於喜歡參禪打坐的信徒，
我為他們設立禪堂，開辦禪坐班；對於想要學習各種技藝的
信徒，我為他們開設佛教插花、素食烹飪、書法抄經等班級，
讓他們在學習的同時，也領略到佛法的奧妙；對於前來拜佛，
而不知如何安頓兒女的信徒，我舉辦兒童班、安親班，讓他
們無後顧之憂；甚至看到有些信徒前來道場，既不是來拜佛，
也不是來求法，而是心中有苦悶，想要找人訴說，我就設立
客堂、談話室、心理諮商，讓他們前來傾吐心事，並為他們
解決煩惱；看到有些信徒只是來寺院喝茶參訪的，我就設立
滴水坊，並且安排知客帶領他們參觀；看到有信徒只是想來
品嚐素齋的，我就設立會館餐廳，招待可口的素菜……甚至
我標舉「給人信心，給人歡喜，給人希望，給人方便」作為
佛光人的工作信條，無非都是基於效法諸佛菩薩「行善」的
慈悲，行「教化」的方便。（星雲大師，1999f：231～237）

這已超越一般所見的臨終照顧或安寧療護許多（有關臨終照顧或安
寧療護部分，參見黃天中，1993；潘美惠，1998；柏木哲夫，2000），

也遠非嚴肅「求死」的死亡教育所能相比（有關死亡教育部分，參見段德智，1994；陶在樸，1999；尉遲淦主編，2000）；因為它包含了對人生全程性的照顧和啟導，也給了人精神上的無限滿足和希望，所有的苦痛和死亡，都會在佛化下被遺忘！又：

> 數十年來，臺灣小型書報雜誌社及其他各界人士以種種名目前來募款時，我固然多少都給予一點補助；對於中國大陸的寺院道場，無論是化緣建設經費，或是募取獎助學金，無論是需求慈善基金，或是索贈汽車、電視，我也都隨分隨力地幫忙。雖然經常阮囊羞澀，不勝應付，但想到能夠藉此機會與大眾「結緣」，還是心存感謝，因為「結緣總比結怨好」。多年來，我自以為很慈悲行善，但有一天當弟子將建寺功德名錄拿給我看時，見其他寺院同道如菩妙、開證、印海、浩霖、靈根等法師動輒捐獻數十萬、上百萬，才感到別人「結緣」的心胸比自己更為可貴，慚愧之餘，唯有勉勵自己更加盡力廣結善緣。

> 1988 年，美國西來寺落成時，加開第十六屆世界佛教徒友誼會議，洛杉磯華人的耶穌教會天天寺外舉牌遊行，抗議吶喊，引起當地居民反感，儘管如此，我們還是本著宗教的慈悲，請信徒端熱茶給他們解渴驅寒。一位從公家機關退休的美籍老太太自建寺伊始，便每日以望遠鏡觀測西來寺，寫給縣政府的密告黑函數百封之多，我們不斷嘗試與其溝通，起初她相應不理，有感於我們的誠意，去年她終於出面和我們協談。每屆春節期間，西來寺均舉辦敦親睦鄰餐會，懇請附近居民同來聯誼，那些向來持反對意見的人也都應邀在

列。或許由於我們「結緣」的誠意，成立九年以來，西來寺不但未被惡勢力擊倒，反而目睹越來越多的耶教朋友、各國人士前來參訪。這不正是「結緣總比結怨好」的明證嗎？

　　「感謝主，祂的大能給我們在這裏施予博愛，給予需要的人。」當一些不知情的信徒參觀「仁愛之家」，看到院門的牌匾上寫著這樣的文字時，不免驚怪：「師父！怎麼會這樣？『仁愛之家』不是佛光山辦的嗎？」其實「仁愛之家」原名「蘭陽救濟院」，乃基督徒董鴻烈先生於 1963 年創立，但兩年後因財務困難，由當時的宜蘭縣縣長林才添先生從中斡旋，交由我來管理。當初接辦時，許多信徒建議拆除這塊牌匾，但我不僅斷然拒絕，而且向大家宣布：「耶穌教肯將救濟院交給我們接管，我們怎麼可以如此回報？我們不但應該善理院務，更要好好保護這塊牌匾，因為歷史的軌跡是不容更改的。」後來依融、紹覺從佛學院畢業之後，自動發心前來服務，在院內增設佛堂。雖然如此，我們對於各種信仰的無依老人均一視同仁、收容照顧，讓崇尚耶穌基督的，向耶穌基督禱告；讓皈依佛陀座下的，向我佛如來禮拜。三十餘年來，院中的老人們相處融洽，安然無事，是我心中最大的欣慰。

　　無獨有偶，倫敦佛光寺的建築本來也是一所天主教神學院，創辦人 Authur Micheal Ramsey 大主教在大門口所立的碑銘至今依舊保持原狀。1992 年，倫敦佛光寺舉行開光典禮時，鄰居教堂的賀特神父（Rev.Hunt of Vicar All Saint's Church）特來道賀。四年後，我每次走訪英國倫敦弘法，都邀請該修道會的上級主教參加我們的集會，彼此水乳交融。去年（1996年）8 月，在該寺舉行的「和平對話」，以「宗教與社會的融

和」為主題,當地各教派均派人前來共襄盛舉,大家踴躍發言,氣氛熱絡,我感到十分高興,因為這表示在當地弘法的徒眾也能依照佛光山的宗風行事,「與人結緣,不與人結怨」。

（星雲大師,1999f:167～171）

這也不是仍在謹守一教一派而排外拒和的人所能輕易比擬的（後者,約略可參見林天民,1994;董芳苑,1995;楊克勤,1996）,更遠非只在理論上倡導宗教對談、多元並存而實際上還無力改善現況的人（或教派）所能望其項背的（後者,約略可參見林本炫編譯,1993;劉宗坤,1996;王志成,1996）;畢竟它的包容進取、平等對待和共存共榮的實踐功夫,已經聲譽卓著且嘉惠蒼生了。此外,還有許多澤被異域和聯袂助化的事蹟,不及一一細數。

可見佛光山特能掌握時代脈動,為佛張法,行解不二。這是它法務能夠蒸蒸日上的原因,也是它足以為臺倫表率的所在。而它內裏所設定的建立現代佛教制度、提高僧伽素質、發展佛教事業和發揚人間佛教等四大工程（詳見第一章第三節）,也就在這種「有佛法,就有辦法」的高度自信的情況下,順利的展開了。

第三節　人間佛教的理想

考察佛光山的所作所為,無非在上契一個人間佛教的理想。而所謂人間佛教,在佛光山是一種精神上的提頜,也是一種形式上的總稱。原因是上述各種佛化事業都是基於人間佛教一個理由,在這種情況下,可以說人間佛教是上述各種佛化事業在精神上的提頜;

而變換角度看，上述各種佛化事業的總合就是人間佛教的樣貌，在這種情況下，所以說人間佛教是上述各種佛化事業在形式上的總稱。它內蘊於佛光山的四大宗旨中，也貫串了佛光山的八種實踐風格。基於提供「理論背景」的需要，得設一專節來討論介紹。

在理念層次上，佛光山所以強調人間佛教，是因為「釋迦牟尼佛出生在人間，修道在人間，成佛在人間，弘法在人間，這些都是說明佛教是人間的佛教。佛陀一代的說法沒有以鬼以神為對象，所以佛教不是鬼的佛教，也不是神的佛教。佛陀說法完全是對人而說的，因此，所有的佛教應該完全是人間佛教」（星雲大師編著，1995c：1）。只不過佛教在發展的過程中，有所謂大小乘、顯密的對立以及人、天、聲聞、緣覺、菩薩五乘的階滯偏行，造成佛教內部的自我分化以及外界對佛教的恣意誤解。因此，「到了今天，是人間圓融的時代。不論是小乘的、大乘的、南傳的、北傳的、西藏的、中國的佛教，今日提出的人間佛教，是要把最原始的佛陀時代到現代的佛教融合起來，統攝起來」（同上，186）；又「上天乘的佛教重於入世的，聲聞緣覺乘的佛教重於出世的。我們常講具有人天乘入世的精神，再有聲聞緣覺乘出世的思想，那就是菩薩道。我們要以菩薩為目標，自利利他，自渡渡人，自覺覺人，把人我的關係看成是分不開的，是一致的。利他也是充實自己，並且能從普渡眾生，我也能夠得到自利。這五乘佛法調和起來，就是人間的佛教」（同上，189）。換句話說，人間佛教是原始佛教的精神，也是佛光山開山以來實踐光大的對象。

這種重視人間實行的精神，經過歷代經論作者和流派祖師大德的闡發形塑，已經遍及環保、管理、人倫、養生、穿著、居住、交通、教育、娛樂、資用、修行等世用層次（星雲大師編著，1995c：

2～149、1999c：107～126；佛光山宗務委員會編，1997b：237～285）。
其間又有民國以來太虛大師所重視的「改良社會」的人生佛教和印
順大師所重視的「淨化世間」（以進趣出世之寂滅）的人間佛教的「轉
折」（印順法師，1989；江燦騰，1990；楊惠南，1991；釋昭慧，1995b）；
到了星雲大師，集大成而以教化利生和建立人間淨土為目標（佛光
山文教基金會編，1992：71～78；龔鵬程，1998：396～407）。從此，
「人間佛教」也就成了佛教邁向現代化途徑的一個特殊的標記。而
就星雲大師來說，所以執意提倡人間佛教，是有許多現實悲感因緣
的（不只在心理上贊同前賢的偉論）。有個例子說：

> 我有一次在美國三藩市舉行家庭普照，有一個老師提出
> 一個問題，他說：「我們在家的佛教徒，叫我們了生脫死，我
> 們不想；叫我們成佛，我們也沒有動念過。因為成佛是好遙
> 遠好遙遠的事；了生脫死，也是件好渺茫好渺茫的事。我們
> 現在只想知道，我如何能夠過得比別人更好一點，比別人更
> 高一點，那就好了。」我聽了以後，感觸很多，我們的佛教
> 一直偏離了人生。過去關閉的佛教、山林的佛教、自了漢的
> 佛教、個人的佛教，失去了人間性，讓許多有心入佛門的人
> 徘徊在門外，望而卻步，裹足不前。所以佛教在渡化眾生的
> 方面，要加強力量。（星雲大師編著，1995c：186）

所謂「佛教在渡化眾生的方面，要加強力量」，既是出於菩薩的悲願，
也是出於衡酌實情而兼利不同根器者的必要考量。正如《孟子‧梁
惠王》所載孟子對齊宣王說的：「無恆產而有恆心者，惟士為能。若
民，則無恆產，因無恆心；苟無恆心，放辟邪侈，無不為已。及陷
於罪，然後從而刑之，是罔民也。焉有仁人在位，罔民而可為也？

是故明君制民之產，必使仰足以事父母，俯足以畜妻子；樂歲終身
飽，凶年免於死亡，然後驅而之善，故民之從之也輕。今也制民之
產，仰不足以事父母，俯不足以畜妻子；樂歲終身苦，凶年不免於
死亡，此惟救死而恐不贍，奚暇治禮義哉？王欲行之，則蓋反其本
矣」。士（讀書人）民殊能，為政者當有不同的對待安置方式；否則，
必有怨隙嗟恨，擾嚷而無以終日。相對的，一般人所需求於宗教的，
無非也在於安詳康樂等世俗福分，宗教家沒有理由視而不見。這在
星雲大師，特能悲憫惱苦的眾生，而為他們祭出一帖寬釋的良藥：

> 我們人人要有一個目標，追求往生淨土。在西方有極樂
> 淨土，在東方有琉璃淨土。其實，淨土不一定在東方、在西
> 方，佛教的淨土到處都是。彌勒菩薩有兜率淨土，維摩居士
> 有唯心淨土，我們大眾說人間淨土。為什麼我們不能把人間
> 創造成安和樂利的淨土，而要寄託未來的淨土？為何不落實
> 於現實國土身心的淨化，而要去追求不可知的未來？所以，
> 在佛光山對於具有某種護教程度的信徒，老年的時候，由本
> 山為他頤養天年，不一定要兒女來養他，甚至也不一定要到
> 往生以後，要西方極樂世界，讓阿彌陀佛來補償他，對他說：
> 「你對佛教很好，我來養你，給你往生。」以佛光山來說，
> 我覺得我們現在的寺廟道場要給予信徒的信念是：我這裏就
> 是西方淨土，我就能給你安養。所以，我所認為的人間佛教
> 是入世重於出世的、生活重於生死的、利他重於自利的、普
> 濟重於獨修的。（星雲大師編著，1995c：187～188）

這也就是佛教（具有現實感的）現代化的契機所在。而它將使佛教
成為社會臻於美善境界的推手，所謂「我們認為應學習佛行，學菩

薩行,以人間進取的精神,來建設佛教;以樂觀喜悅的說理,觀機逗教,使眾生同霑法益,悟佛知見;以資生利眾的事業,恆順眾生的需求;以悲智願行的性格,落實人間,使人間社會臻於至善至美的境界」(星雲大師編著,1995c:426),正點出這一要義。這種現代化的佛教是「實實在在以解決人生問題為主旨、以人文主義為本位的宗教」(星雲大師,1995d:51);而「以人為本的宗教,就是人間佛教。佛教是一個佛化世間的宗教,也就是要使所有的世界都成為淨土」(星雲大師,1994a)。從這個理念出發,一切現實生活中的疑難雜症,諸如鬼怪、神通、命運、輪迴、情愛、財富、苦惱、仇怨、墮胎、自殺、死刑、移民、婚外情、安樂死等等問題,都可以得到適當的解決(星雲大師,1982、1987;佛光山宗務委員會編,1997b)。而這是星雲大師從傳統佛教所啟示的五乘共法(人、天、聲聞、緣覺、菩薩等五乘佛法的調和)、五戒十善(身業修持不殺生、不偷盜、不邪淫,口業修持不妄言、不兩舌、不綺語、不惡口,意業修持不貪、不瞋、不邪見)、四無量心(慈、悲、喜、捨)、六度(布施、持戒、忍辱、精進、禪定、般若)四攝(布施、愛語、利行、同事)、因緣果報(廣結善緣、成佛果報)、禪淨中道(禪悟、淨土、空有融和)等道理重新給予綰合貞定而以為思想指引的(星雲大師編著,1995c:188～201)。最後,歸結到「佛在我心」一語:

> 我所提倡的人間佛教,正如我為佛光山所訂定的信條:
> 給人信心、給人歡喜、給人希望、給人方便。我覺得肯給人
> 的,肯服務的,肯助人一臂之力的,肯跟人結緣的,肯給人
> 歡喜的,就是佛陀的教示,佛陀在人間所給我們的教導。本
> 山提倡人間佛教,坦白說,就是要讓佛教落實在人間,讓佛

教落實在我們生活中，讓佛教落實在我們每個人的心靈上。佛在那裏？在我的心裏。淨土在那裏？在我的心裏。眼精一閉，宇宙三千大千世界都在我這裏。天下的人都捨我而去了，但我的佛陀在我心中，沒有離開我。（星雲大師編著，1995c：201～202）

依照這樣的教示去實踐，也就有了幸福美滿的人生可以期待。而究竟「如何過一個幸福美滿的人生？今天的社會、人間，我們每個人的負擔沈重，對於家庭、事業、親人的種種責任，緊緊地壓迫著我們。假如我們現在擁有了人間佛教，就擁有了整個宇宙大地，處處都能幸福安樂，就能如無門禪師說的『春有百花秋有月，夏有涼風冬有雪。若無閒事掛心頭，便是人間好時節』、『心中有事世間小，心中無事一床寬』，能夠擁有了心內世界，就不一定要求心外的世界如何廣大。如何擴大我心內的世界？人間所有一切眾生，所有一切世界，大概都離開不了我們的心。如何建立我們內心廣大無比的世界？唯有不斷的修行實踐，這才是人間佛教的真正精神所在」（星雲大師編著，1995c：202）。換句話說，人間佛教的落實處，就是所謂的幸福美滿的人生；而形成人間佛教的事實，則在上述五乘共法、五戒十善、四無量心、六度四攝、因緣果報、禪淨中道的綜合踐履。因此，這些傳統佛教義理的現代轉化，無形中就成了佛光山的理想所寄，而以「人間佛教」別為標榜總題。

佛光山這種人間佛教的理想，不只在國內樹立了一座指引無數迷航人心的燈塔，還在國際喚起了許多知返有情的傾力相隨。尤其是佛光會在推動悲智願行的菩薩志業的過程中，所帶給信眾的尊

嚴、喜樂、方便等種種好處，讓人間佛教更廣為傳揚。正如星雲大
師所轉述的：

> 1992 年，我到美國弘法，在主持丹佛佛光協會成立大會
> 時，任職會長的謝典豐居士很高興地告訴我：「過去我是建築
> 工程師，每天都與鋼筋、水泥、機械、馬達為伍，不僅生活
> 枯燥無味，而且日復一日都在為『事』而忙碌，在思想上得
> 不到共鳴，使我經常覺得孤單寂寞。自從去年開始，我為了
> 籌組佛光會，天天在為『人』而忙碌，雖然在過程上有喜怒
> 哀樂，有順逆毀譽，但是在生活上有回響，有聲音，讓我變
> 得更有慈悲智慧，更穩健成熟，深深感到人生充滿了無限的
> 意義，佛光會真是太好了！」

> 會後，謝居士為我介紹會員林惠容女士在此次大會籌備
> 過程中給予熱心的協助，我們聽了，都發出會心的微笑。後
> 來他才知道，原來四十多年前，林居士就是我的皈依弟子了，
> 與慈惠、慈容都是同時學佛的，雖然後來彼此忙碌，很少見
> 面，但都有書信、電話往來，所以林居士說：「我關心佛光會
> 是應該的。」

> 謝典豐居士即時以羨慕的口吻說：「難怪佛光山的事業能
> 在世界五大洲弘揚開來，原來跟隨大師的徒弟都這麼忠心。」
> 我說：「自飲曹溪一滴水，能做萬世道種糧。只要能奉行佛法，
> 任何人都能得到大家的護持。」

這一點，我們研究小組於 2001 年 1 月中到澳洲參訪，也感受到了。
一次由經營日本料理店且兼昆士蘭協會副會長的張傳勝先生所招待
的晚宴中，我問及他們為何要加入佛光會，張先生以「華人就像一

粒灰塵，落到這裏要想不再被風吹走，就必須凝聚成泥」作比喻，暗示加入佛光會就是為了團結僑民而使生活獲得保障，此外無從寄望任何僑團或某一中介力量帶給自己這樣的便利。在參觀的七天行程中，佛光會的會員或開車接送，或陪同參觀訪問，或破費宴請，不辭辛勞，也沒有慍色，正印證了張傳勝先生所說的及所有佛光會會員所暗守的「我今日為佛光會效勞，來日佛光會也會關照我」的信條。其實，佛光會已經有不少非華語協會，而認同佛光山人間佛教的外國人也超過一百萬（星雲大師，1997a；佛光山宗務委員會編，1997b），所謂「佛光普照，法水長流」早已成真，它的法益是華洋同沾。再說，即使非佛光會的會員，也多有認同佛光山人間佛教的理念的。如我們研究小組在拜訪新南斯威爾州臥龍崗市長哈利森（Harison）時，他就一再表示以佛光山在臥龍崗市設寺為榮，除了稱讚南天寺繼臥龍崗大學、鍊鋼廠後成為臥龍崗市的新地標，還對南天寺隨時敞開大門歡迎所有人前來遊覽禮佛深為佩服。後面這一點特別引人注意，它是針對其他宗教往往只對自己人開放而說的，這或許就是南天寺受（洋）人重視的一個重要因緣。又如在昆士蘭州時，協會會長陳楚南先生等人帶我們遊洛根市河濱公園，提及中天寺在那裏舉辦浴佛法會，光1999年那次就有十二萬人參加，導至當地政府催促中天寺還要再舉辦，這樣可以為他們帶來經濟效益。此外，黃金海岸分會副會長楊史邦先生、理事王隆熙先生，也提及佛光會在當地所展現的急難救助、社會關懷等功能（如佛光會捐給黃金海岸五艘遊艇，管理單位已經用它們救起五千人次），頗得洋人的好評。可見星雲大師所指示在海外弘法「首重幫助僑民活得有尊嚴」的目的（依來、滿謙等法師轉述），早已經達到了。佛光山人間佛教的理想，至此不再是遙不可及的夢。爾後又到南非、東南亞等

地的道場參訪，所見也都是如此，不禁心裏一陣驚呼：這個世上還真的缺少佛光山不得！

第四節　捨己為人的精神信條

　　跟人間佛教的理想相支撐的是捨己為人的精神，這是佛光山能不斷自我注入活力且特別溫馨感人的一面；別人無從取代，也未必仿效得來。我們透過它，既可以了解佛光山內部協調凝聚的根由，又可以窺見佛光山所從事各種佛化事業的精神向度。由於它是人間佛教實質「內在」的推動力，也是佛光山所專屬事業的一大精神特色，所以繼「人間佛教的理想」後再闢專節予以討論介紹，以便看出佛光山整體的精神面貌。

　　所謂「捨己為人」，在佛教是屬於菩薩行（太虛大師等，1994；星雲大師編著，1999g）；尤其是觀音菩薩的慈悲渡化，最令人動容（聖印法師，1993；洪啟嵩，1993；鄭僧一，1993）。星雲大師有兩段話（英譯轉譯），正道出了這樣的意思：「當我們盡力幫助別人時，讓我們細思觀音菩薩的慈悲；當我們致力啟發眾生的菩提心時，讓我們效法文殊師利菩薩的智慧；當我們努力解脫別人的痛苦時，讓我們有地藏菩薩不屈不撓的願力；在我們做任何事時，讓我們別忘記普賢菩薩的大行。假如我們能如此去做，必然能把佛教的真理帶進每個家庭，佛法的般若之光也必照耀整個世界」（星雲大師，1997b：代序4）、「我們必須學習如何以無限的喜悅和慈悲去幫助別人。我們把自己、自己最好的，呈獻給別人。一旦學會把最真誠的歡喜和慈悲與人結緣，就能毫無阻礙地奉行佛法、成長茁壯，達到

最終的目標」（同上，代序 2）。這在佛光山，早已作為精神信條在
奉守著且有「明文」規定，所謂「宗門思想：記載佛光山的宗風、
思想、精神、理念等，堪為佛光人行事依循者，皆為宗門思想的範
疇，凡我佛光人應確實信受奉行之」中的「佛光人的精神：（一）常
住第一、自己第二；（二）大眾第一、自己第二；（三）信徒第一、
自己第二；（四）佛教第一、自己第二」及「佛光人的工作信條：（一）
給人信心；（二）給人希望；（三）給人歡喜；（四）給人方便」（佛
光山宗務委員會編，1997b：22），方向極為明確。前者的「老二哲
學」和後者的「為人設想」，是一體的兩面。它表現在外的，無非是
「普門大開」和「為法忘軀」：

　　曾有許多人問我：「為什麼佛光山有這麼多的佛教事
業，都是以『普門』為名？」這句話往往將我的思緒帶回四
十多年以前⋯⋯

　　1949 年，我初來臺灣時，曾經度過一段三餐不繼、顛沛
流離的日子。記得在南昌路某寺，曾被一位長老責問：「你有
什麼資格跑來臺灣？」到了中正路某寺掛單，也遭拒絕。因
夜幕低垂，我只有緊緊裹著被雨水淋濕的衣服，在大鐘下躲
雨露宿。第二天中午時分，在善導寺齋堂裏，看見一張八人
座的圓形飯桌，圍坐了十五、六個人，我只有知趣地默然離去。

　　在走投無路下，我想到或許可以到基隆某寺找我過去的
同學，當我們一行三人拖著疲憊冰冷的身軀，冒著寒風細雨，
走了半天的路程，好不容易到達山門時，已是下午一點多鐘。
寺裏的同學聽說我們粒米未進，已達一天之久，趕緊請我們
去廚房吃飯，可是就在這時，旁邊另一個同道說話了：「某老

法師交代：我們自身難保，還是請他們另外設法好了！」當我正想離開之際，同學叫我等一等，他自己拿錢出來買了兩斤米，煮了一鍋稀飯給我們吃，記得當時捧著飯碗的雙手已經餓得不停顫抖。吃完稀飯，向同學道謝以後，在凄風苦雨中，我們又踏上另一段不知所止的路程。

　　由於這段刻骨銘心的經驗，我當時立下誓願：日後我一定要普門大開，廣接來者。二十年以後，我實現了願望，先後在臺北成立「普門精舍」、「普門寺」，教導所有的徒眾都必須善待信徒香客，讓大家滿載歡喜而歸。直到現在，佛光山的各個別分院仍然保持一項不成文的規定：每一餐多設兩桌流水席，方便來者用齋，對於前來掛單的出家人，則一律供養五百元車資。此外，我又在佛光山開辦中學、幼稚園，乃至佛教雜誌，都是以「普門」為名，凡此皆是取其「普門示現」的意義，希望徒眾們都能效法「普門大士」的精神，接引廣大的眾生。（星雲大師編著，1995c：673～675）

「普門大開」，來自於「受人滴水之恩，湧泉以報」的感悟昇華；它的施惠對象遍及天下有情，而它的人格涵養則是向道的最佳楷模（一如儒家所期許的「博施濟眾」為最高的聖者志行）。至於「為法忘軀」，可以星雲大師自訴四十八願為引子：「第一：我願作一隻蠟燭，燃燒自己，照亮別人；第二：我願作一泓清水，盪除垢穢，淨化身心；第三：我願作一個冬陽，溫暖大地，成熟萬物；第四：我願作一盞路燈，照破黑暗，指引光明；第五：我願作一條土狗，忠心耿耿，守護眾生；第六：我願作一棵大樹，枝繁葉茂，庇蔭路人；第七：我願作一本書籍，展現真理，給人智慧；第八：我願作一個木魚，

提醒大家，精進不懈；第九：我願作一個布袋，含容一切，怨親平等；第十：我願作一座橋樑，聯絡彼此，溝通情誼；第十一：我願作一方大地，覆載眾生，生長萬物；第十二：我願作一座浴池，定水湛然，滌盡塵勞；第十三：我願作一條河川，源遠流長，潤澤大地；第十四：我願作一陣和風，吹拂枯槁，撫慰創傷；第十五：我願作一塊麵包，三德六味，解人飢餓；第十六：我願作一縷白雲，遮蔽炎威，帶來清涼；第十七：我願作一面鏡子，光鑑照物，洞察實相；第十八：我願作一撮味素，輕輕揮灑，增添滋味；第十九：我願作一襲鉀甲，保衛有情，免於傷害；第二十：我願作一顆果實，飽滿多汁，解除飢渴；第二十一：我願作一輛車子，普載大眾，行菩提道；第二十二：我願作一座寶窟，法財無限，饒益眾生；第二十三：我願作一串瓔珞，喜捨供養，莊嚴身心；第二十四：我願作一座城廓，戒牆堅固，布施無畏；第二十五：我願作一池清泉，消除熱惱，湧流報答；第二十六：我願作一支畫筆，彩繪世間，增添美麗；第二十七：我願作一彎彩虹，光華萬千，照耀人間；第二十八：我願作一張石椅，隨時隨地，給人棲息；第二十九：我願作一頭牯牛，終日勤勞，服務奉獻；第三十：我願作一朵鮮花，吐露芬芳，給人清香；第三十一：我願作一把鑰匙，開啟心門，解除纏結；第三十二：我願作一隻雨傘，遮擋風雨，給人安穩；第三十三：我願作一條渡船，運載眾生，到達彼岸；第三十四：我願作一輪滿月，高掛夜空，輝映人間；第三十五：我願作一滴甘露，灑向山河，大地回春；第三十六：我願作一座高山，聳峙雲霄，眾生羣集；第三十七：我願作一條道路，引領大家，走向正途；第三十八：我願作一座晨鐘，宏聲遠播，驚醒迷夢；第三十九：我願作一件衣服，為人遮羞，給人保暖；第四十：我願作一鍾缽盂，盛滿法食，滋養慧

命;第四十一:我願作一幅圖畫,美化空間,增加祥和;第四十二:
我願作一杯熱茶,祛走寒氣,解除疲累;第四十三:我願作一塊田
園,培福植德,利濟有情;第四十四:我願作一座叢林,總持諸法,
取用無盡;第四十五:我願作一座涼亭,慈悲為蓋,方便行人;第
四十六:我願作一座宮殿,運籌帷幄,福被萬民;第四十七:我願
作一根木柴,製成器具,供人使用;第四十八:我願作一個菩薩,
發菩提心,光大佛法」(星雲大師,1999a:13〜17)。對星雲大師來
說,這並不是純粹的發願,而是實際踐履後的感言,他的德慧恩澤
早也廣濟蒼生。他所秉持的(諸佛菩薩的)「但願眾生得離苦,不為
自己求安樂」的信念(星雲大師,1999b:154;1999h:83),也已
成為當代甚為動人的法語,並將「捨己為人」的精神發揮到了極致。

　　從另一個角度看,「普門大開」也暗示著心量的天包海納;而「為
法忘軀」正是這無限含容的必然結果。換句話說,一個人的胸襟大
到能夠無所不容,也就無所謂性命榮辱的顧慮了。這一點,星雲大
師無疑的作了特好的示範。首先,他經營佛光山,在外人看來已經
是勳業彪炳了,但他不認為這是他一個人的功勞:「當我聽到有人稱
讚我創下了許多『佛教第一』時,心裏真是慚愧極了。匱乏如我,
只不過是努力做一個『跑腿』的『老二』,將各種人、事、物結合在
一起罷了。無論是建寺安僧,還是弘法渡眾,都是眾人因緣成熟,
感應道交所致。因我常說:『光榮歸於佛陀,成就歸於大眾,利益歸
於常住,功德歸於檀那。』往後這份福報能否延續下去,還必須靠
大家共同努力,『一將功成萬骨枯』,不要光看到高高在上的『老大』,
那些無名的『老二』才更偉大」(星雲大師,1999d:70〜71)、「現
代很多人一提到佛光山就只知道星雲,把佛光山和星雲畫上等號,
其實凡事不能依靠一個人,若沒有一代人接一代人的努力,沒有集

體創作的精神，就不會有今天的佛光山，也不會有佛教復興的契機」
（符芝瑛，1997：作者序13轉述），這種「事成不居功」和「成功
不必在我」的信行，豈不是特能容人所難容和不為一己計得失的表
現嗎？

　　其次，他對徒眾的關懷照顧，也已經名聞遐邇了，但他覺得餘
情未盡：「『為什麼大家都喜歡為你做事？』有人如是問我。我想這
是因為我從不高高在上，發號施令，總是先做『義工的義工』，所以
我的義工就很多了……過去我每次要麻煩義工寫標語、寫傳單時，
總是事先將筆紙找妥，並且安置座位；如果請信徒來澆花植草，我
也都把水桶、水管準備齊全，還要告訴來者水龍頭、工具箱在那裏。
到了用餐時間，我熱心招待他們吃飯，不斷為他們準備茶水、點心；
到了回家時，也不忘慰問辛苦，讚美他們的成績，甚至一路送到門
口，看著他們身影遠去，我才放心……」（星雲大師，1999d：74～
88）、「十八年前，依空到東京大學深造，我親自陪他遠赴東瀛，託
付給水野教授；依昱在駒澤大學讀書，我去日本看他，他竟然安排
隨侍我同行的弟子睡在房間，我則伴著日月星辰，在陽臺上睡了一
晚；心中懸念慧開生活的起居，我專程前往費城的天普大學；想要
了解依法的學習情況，我不辭辛勞，去夏威夷大學、耶魯大學講演；
甚至我藉朝聖之名，數次至印，走訪詩人泰戈爾所創辦的梵文大學，
探望正在攻讀學位的依華；我乘出國弘法之便，巡視各地道場，其
實真正的用意，無非是想看看在海外開山拓土的弟子是否安好。我
忍耐風霜雨雪，受著暑熱嚴寒侵逼，這份愛徒之心，恐怕只有為人
父母者才能體會」（星雲大師，1999f：83～84），這種「體貼別人」
和「視徒如子」的心腸，又豈不是特能親人所難親和不為一己求福
分的表現嗎？

　　再次，他那一代宗師的聲望地位，也已經超邁古今了，但他仍一再的崇本報德：「釋迦牟尼佛早於塵沙劫前成就佛道，為示教利喜故，再入娑婆，化導羣倫；玄奘大師孤身涉險，橫渡流沙，西行取經，為的也是希望眾生能夠早日離苦得樂。每於清夜，想到諸佛菩薩、祖師大德們為了將歡喜布滿人間，所經歷的辛苦，何止自己的千百倍，因此一再自我砥礪，不敢稍有懈怠」（星雲大師，1999h：83～84）、「1946 年 7 月，太虛大師主持中國佛教會會務人員講習會，我有幸參加，大師在會中慷慨激昂地說道：『我們要建立人間佛教的性格！』這句話給我很大的震撼……數年之後，我來到臺灣，目睹佛教的沒落，更覺得唯有太虛大師那句『建立人間佛教的性格』，才足以振衰起弊，挽救頹勢，這時，經典中勝鬘夫人宮廷設學，教導幼童的耐心；大愛道比丘尼諄諄善誘，教化婦女的慈悲；馬鳴菩薩披上白氈，奏曲渡眾的方便；道安大師四處講學，接引青年的智慧；法照大師發明五會念佛，渡化朝野的善巧……一一浮現在我腦海裏。我以先賢作為榜樣，『建立人間佛教的性格』，率先成立了星期學校、學生會、青年會、讀書會、念佛會、婦女法座會、佛教歌詠隊……在教學時，儘量以深入淺出的方式及例子，讓大家了解佛法就在我們的生活裏」（同上，204～206）、「我是家師志開上人唯一的入室弟子，他對我的管教非常嚴格。但是十七歲那年，我感受到他那份慈悲與苦心。那時，我得了瘧疾，寒熱交迫，痛苦萬分。雖然如此，我依然按照當時叢林規矩，每天隨眾上早晚課。如此折騰了半個月，已是奄奄一息，命在旦夕。後來，師父將自己的半碗鹹菜，遣人送來給我。半碗鹹菜，在當時物質缺乏的時代，真是彌足珍貴！我知道這是師父對我無聲的關懷與期許。含著滿眶熱淚，我將這半碗鹹菜吃下，心中發誓：願盡形壽，將全副身心奉獻給佛教，

以報師恩」（星雲大師編著，1995c：625），這種「坦承紹續」和「不忘前恩」的氣概，又豈不是特能擔人所難擔和不為一己圖孤譽的表現嗎？

　　在一次座談中，大夥聊起星雲大師有一千多名出家弟子，以及數百萬名在家弟子和信徒，究竟是怎麼成就的。我藉機提問：「大師有沒有察覺這跟您個人的魅力有關？」大夥都會心一笑，只有星雲大師還不太相信有魅力這回事，而反問道：「我有魅力嗎？」我把上述那些事件作為判斷依據，再度確定那就是他的魅力所在；它包括著他的容易親近（有時還會妙語解頤到讓人不禁笑岔了氣）、愛徒心切（甚至常常成為徒眾的出氣筒）、為道忘我、無所貪求、普照佛光等等氣質修為。換作凡夫，就不可能如此服眾並受人愛戴；而這也就是前面所說卡理斯瑪型領袖所具有的人格特徵。一起在座的龔鵬程校長，聽後也贊同的說：「大師是有魅力的！這種魅力很難用語言形容。像大師所講的那些禪宗公案，我都懂，我也會講；但是由我來講，就不及大師那麼有吸引力，這就是有魅力和沒有魅力的差別。」我想星雲大師所陶鑄散發的捨己為人精神，已經成了佛光山特有的標幟，正由所有佛光人在延續推廣中（符芝瑛，1997；劉枋等主編，1996；星雲大師，1999f）；而它也將在人類歷史上留下一段永難抹滅的佳話。

　　總合說來，人間佛教是佛光山的終極信仰，而佛教現代化的種種構想則是佛光山的觀念系統。至於所據以為建立的行事規範和門規等等（前者，如（一）集體創作，制度領導；（二）非佛不作，唯法所依等。後者，如（一）不違期剃染；（二）不夜宿俗家；（三）不共財往來；（四）不染污僧倫；（五）不私收徒眾；（六）不私蓄金錢；（七）不私建道場；（八）不私交信者；（九）不私自募緣；（十）

不私自請託；（十一）不私置產業；（十二）不私造飲食等）（佛光山
宗教委員會編，1997b：22～23），則屬佛光山的規範系統。此外，
它還有佛教文藝和管理傳播制度等表現系統和行動系統。內部的強
力聯繫和外在的積極作為，造就了佛光山在當今社會盛名不衰且崇
高楷模地位；而這從它的文化事業，我們正可以具體的一一感知。

第四章　佛光山文化事業的統籌單位

第一節　佛光山的行政組織

　　早期佛光山的一切開發案，多為星雲大師一人的構想；後來制度化後，所從事的佛化事業，就無不經由合議決定。所謂「佛光山自創建至今，幾乎沒有一件事不是用民主的開會方式來解決，因此有所謂的員工會議、職事會議、單位主管會議、各院院務會議……有時，學生們要求參加，我也從善如流，從不拒絕」（星雲大師，1995h：5），指的就是後面這種情況。這一點加上集體大悲救渡和隨順信徒需求等內外機制，以至佛光山創下了許多「佛教第一」：

　　　　曾經有人為我計算，我一生在臺灣佛教界擁有五十餘個「第一」：第一支佛教歌詠隊、第一個在電視臺弘法的人、第一張佛教唱片、建第一間講堂、第一個在國家殿堂講經弘法、第一本精裝佛書、第一個組織信徒穿著制服、第一個創設僧眾等級制度、第一個組織青年學生會、第一個成立信徒講習會、第一個成立兒童班、第一個成立星期學校、第一個成立幼教研習中心、第一個發起光明燈法會、第一個使用幻燈機和投影機弘法、第一所教育部承認的印度文化研究所、第一個大專佛學夏令營、第一個都市佛學院、第一個雲水醫院、第一所民眾圖書館、第一座安寧病房、第一個信徒服務中心

（檀信樓）、第一個舉行報恩法會、第一個舉行園遊會、第一個發起供僧法會、第一個建高樓寺院、第一個舉行環島托缽行腳活動、第一個舉辦世界佛學會考、第一個舉行禪淨密三修法會、第一次辦回歸佛陀時代的活動、成立第一所佛教文物陳列館、第一次臺灣舉行傳法退位大典、第一個舉辦短期出家、第一部將藏經重新分段標點的佛光大藏經、第一部獲得金鼎獎的《佛光大辭典》、第一個到三軍官校各種兵團以及離島布教說法的人、第一個率領二百人前往印度朝聖、第一位到梵諦岡與教宗會談……大家看我擁有這麼多「第一」的頭銜，都說我福報俱全。其實，但開風氣不為師，這一些都是佛教共成的第一，都是盡心盡力「舉重若輕」所共成。（星雲大師，1999i：250～252）

這背後作為組織動員後盾（依據）的，就是它所建立起來且為古今中外任何一個佛教團體所未見的制度化體系（這可證諸：釋聖嚴，1993b、1993c、1993d；闞正宗，1999；江燦騰，1996；高淑玲主編，1996；王見川等，1999）。換句話說，佛光山所以如此有效率且持續不斷在發展各種佛化事業，除了它的普渡眾生宏願和切合時代脈動的發引，此外就是制度化的運作在「總成其事」。

　　為了進一步了解佛光山的文化事業究竟是如何可能的，有必要專列一章探討它的制度化的運作情況；而且基於體例需要，還得排在佛光山文化事業相關現象的討論之前（當然它也可以在討論佛光山文化事業相關現象之後再作探討，但這卻不合個人習慣）。雖然如此，佛光山到目前為止還是不斷在成長或發展中（詳見第一章第三節），它的內部運作並未停留於某一特定模式上，以至在討論時就得

權宜的以現在所見的為準的，必要時再穿插過去的狀況。這樣可能
會顧不到文化事業在被主導過程中的種種行政隸屬或庶務裁併的轉
化；但我們也得知道文化事業固然會因業務單位變動而有輕重緩急
或先後屬性的考量、它的理念精神卻是前後一致的。因此，不論佛
光山的行政組織如何調整，都無妨於該文化事業的光芒耀眼。現在
探討它背後的制度運作，重點在於指出所存在的創意與效率，而不
在追溯可能的沿革或來歷（後者另有專人在作討論）。

　　佛光山的文化事業，從策劃到執行或推廣，都有專屬單位在負
責；而這必須從佛光山的行政組織看起，才能明白它的縱向有機貫
徹議決和橫向聯繫運用資源的情況。大體上，佛光山的組織分為僧
眾和信眾兩個系統，「在最高領導機構（佛光山宗教委員會）的統攝
下，僧俗二眾猶如車之兩輪併軌而行，一領導一護持，各有分明的
組織層級而相互尊重配合，是相當完整的教團體系」（康樂等，1995：
155）。在僧眾系統方面，有所謂清淨士、學士、修士、開士和大師
（長老）等五個等級，而以戒臘、學歷、年資、經歷、特殊技能等
為序列等階的原則，同時又依學業、事業、道業等涵養貢獻為階位
等級的晉升核定原則；而在信眾系統方面，也有所謂一般信徒、護
法信徒、佛光人、功德主等等級位階以及選定聘請的辦法和義務權
利的規範（佛光山宗務委員會編，1997b）。這當中的組織架構也都
明訂在佛光山宗務委員會組織章程中，包括最高決策機構的宗務委
員會和都監院、教育院、文化院、長老院、佛光山文教基金會、佛
光淨土文教基金會、佛光山大學籌建委員會、國際佛光會發展促進
委員會、佛光山宗務發展策進委員會、佛光山功德主總會、佛光山
大藏經編修委員會、佛光山修持中心、國際佛教促進會、佛光衛星
電視臺等職事單位；此外，另有開山寮，中設傳燈會、傳燈學院、

法堂書記室等單位專司僧眾入會申請、申訴仲裁和開山宗長行誼事蹟的記載整理等工作（此項資料，由佛光山宗務堂提供及慧堃、覺容等法師受訪時告知），可以說規模宏闊且分職得當，遠非其他教團所能企及。

依星雲大師的想法，建立制度在精神上是為契合佛經所說的「依法不依人」（轉聖法為世法）：「佛光山既然是我的，當然也屬於大眾每一個『我』的，因此從開山以來，所有設施都是隨順信徒所需而興建，一切重大計劃都是經過大家開會來決定，乃至典章制度裏的每一則條文，也莫不是在公開的場合中通過公布。1985年，我依章程退位，將住持之職交給第二代接棒，許多信徒前來哭跪請留，都無法挽回我堅決的意向。經云：『依法不依人。』大家是否都能在平等的『法』中，看到佛教的本質與未來呢」（星雲大師，1995f：93）。世法的必要性「自不待言」，而佛光山能上契聖法將無我、平等精義融入其中，更顯得凸出難得。而實際上，佛光山的僧信二眾已經形成嚴密的關係網絡，其間相應的法規，除了佛光山的宗務委員會組織章程這一根本法，還擴及佛光山宗務委員會宗務委員選舉辦法、佛光山宗務委員會典制辦法分類法、佛光山寺典制法、佛光山功德主總會組織章程、佛光山資訊中心組織規章、佛光山宗務委員會職事交接辦法、各別分院住持移交注意事項、佛光山各別分院住持當家單位主管組團出國參訪旅遊辦法、佛光山海外別分院新建道場申請物品暨委託國內採購辦法、佛光山車輛進出管制辦法、佛光山宗務委員會派下徒眾序列等級階位辦法、佛光山宗務委員會派下徒眾請假規則、佛光山宗務委員會派下徒眾休假辦法、佛光山宗務委員會徒眾出國辦法、佛光山宗務委員會派下徒眾留學遊學進修辦法、佛光山宗務委員會人事調職原則、佛光山教士師姑

入道辦法、佛光山宗務委員會人事考核辦法及國際佛光會組織制度
和辦法等（牽涉行政、福利、法務等）踐行法（佛光山宗務委員會
編，1997b：81～222）。這「但見其密，而不見其疏」，以至佛光山
在內部管理和外在行動上，都能展現高度的效率，而深獲外界的讚
賞並視為聖俗二道的楷模。這一點，佛光山教團的每一份子當也會
感到自豪：

> 馬祖首創叢林，百丈建立清規，佛教本來即有健全的戒
> 律制度，來維繫大眾生活與修持的清淨，六和敬的意義，亦
> 是闡明教團平等與和平的內涵。要復興佛教，首先須從健全
> 組織、確立制度上著手。
>
> 本山除了保存傳統佛教的禮儀清規外，更因應時代需
> 要，把制度化的管理系統融入教團中。從民國 42 年（1953
> 年），開山大師為宜蘭雷音寺內部各項弘教法務開規立法，民
> 國 56 年（1967 年）為五堂二會的宗務堂揭章建制，民國 61
> 年（1972 年）更制定佛光山宗務委員會組織章程，為逐漸更
> 新改制的各級院會組織乃至目前現代化、國際化的發展現
> 況，釐定分層負責的行政系統和法理兼顧的典章規程。
>
> 民國 74 年（1985 年）開山大師更以身作則，力行制度，
> 毅然宣布退位，在傳法大典中，殷殷開示「法治重於人治，
> 不是非我不可，退位不是退休，加強新舊交替」，傳為雖是世
> 代交替，遞嬗薪傳，（卻）深具落實制度的意義。開山大師退
> 位後，一直致力於六和教團、四眾平等理念的推行，民國 80
> 年（1991 年）起，更在全球遍設佛光會，並極力推行「檀講
> 師」制度，成立各種講習會，讓信眾能從弟子晉升到講師，

從而擁有更多的空間提升自我，奉獻佛教，服務大眾。（佛光
山宗務委員會編，1997b：3）

所謂「把制度化的管理系統融入教團中」，（換個角度看）這是轉世
法為聖法所用。而連接前面所說，可以看出佛光山已經把世法和聖
法融為一體，它的成就自然是理中合有，而它的受人矚目也是合該
由教團的每一份子同感榮光。

這樣的制度運作，也導至佛光山所從事的佛化事業能廣獲回
響。就以海外聯結華人屢造佳績來說，星雲大師覺得這是「善與結
緣」的結果：「我在世界雲遊弘法，發現各地的僑團甚多，有的以同
鄉組合，有的以宗親結社，有的以職業類聚，有的以性別集會，但
彼此之間大多貌合神離，多少年來互不往來，甚至黨同伐異，視如
水火；但是自從他們參加佛光會以後，都能在同一個信仰之下賡續
友誼，引起許多人的好奇，紛來問我是何原因？其實，這不是我個
人有什麼魅力，而是因為佛光會本身實踐佛教『結緣，不結怨』的
精神，奉行『平等共尊，和平共榮』的理念有以致之」（星雲大師，
1999f：175～176）；但實際上，星雲大師個人的魅力以及背後那套
合理的制度，才是吸引人徵信於公眾的關鍵。有關星雲大師個人的
魅力部分，已經有過討論（詳見第三章第四節）；至於制度部分，還
可以舉佛光山為佛光會會員所訂「享受權益」規條來補充說明：依
資料所示，參加佛光會的人，可以享受下列七項權益：（一）對本會
有選舉權及被選舉權、發言權及表決權；（二）參加本會所舉辦的各
種活動及講習會；（三）擁有本會發行之雜誌刊物：（四）協助處理
婚喪喜慶事宜；（五）協助解答各種疑難問題；（六）旅行世界各地，
凡有佛光會，乃至有佛光山分別院道場之地，均可享有「來時歡迎，

去時相送」的服務；（七）透過評鑑考核後，可聘為佛教之檀講師（佛光山宗務委員會編，1997b：212），一個教團能給信徒這樣佛化的制度性的承諾，讓信徒在現實生活中無後顧之憂，試問世上還有那一個團體能跟它相比？難怪佛光山在海外的號召力越來越大，而身如飄萍的僑民也在它的渡化協助下能夠落地生根（詳見第三章第三節）。如果真要說這是由「結緣」而來，那麼這種結緣的背後，還有更多「發心」、「費心」、「用心」等為營造良好情境的因緣在輔助著。

第二節　宗務委員會創辦文化事業

　　佛光山的文化事業，就在上述的制度運作中得以成形。而要了解它的具體運作情況，得從宗務委員會這一最高決策機構看起。在佛光山宗務委員會組織章程第二章（寺務）第六條中明列出九項寺務：（一）創辦各種教育事業，培育僧俗人才；（二）創辦各種文化事業，宣揚佛教教義；（三）創辦各種慈善事業，造福社會人羣；（四）舉辦各種弘法活動，引導人心向善；（五）輔導四眾專宗研修，提高僧俗素質；（六）培育國際弘法人才，增進國際聯誼；（七）研擬復興佛教方案，提供教會參考；（八）倡導寺院福利事業，謀求生活自給；（九）實施本寺章程制度，健全寺院體制（佛光山宗務堂提供，下同）。而這些寺務，都要經由宗務委員會議決才能執行。其中文化事業的創辦也在列；這就構成我們理解佛光山文化事業在推動上的一個「起點」（至於佛光山的建立現代佛教制度、提高僧伽素質、發展佛教事業和發揚人間佛教等四大工程以及以教育培養人才、以文

化弘揚佛法、以慈善福利社會和以共修淨化人心等四個經營方針、都蘊涵在該九項寺務中，那就不必多說了）。

依佛光山宗務委員會組織章程第四章（組織）第二十一條所載，佛光山所設宗務委員會，其狀況是「公推開山大師星雲上人為導師，統領寺眾。由僧眾『學士二級』以上僧眾會員，不記名選舉『學士五級』以上僧眾會員九人為宗務委員，及候補宗務委員五人組織之。第一次選舉時全額選滿，以後每兩年改選三人，連選得連任，但因故可召開臨時會員大會改選之；惟新任宗務委員以三人為限，期會務順利傳承」；而依第五章（會議）第四十四條所載，宗務委員會議每年至少召開一次，由宗長召集之（宗長由僧眾會員代表選舉產生，六年一任，連選得連任一次；特殊情形之下有二分之一以上會員代表同意者得連任二次）。至於議案的議決，則由相關職事單位提出，再經宗務委員會依本山宗旨及實際需要審覈通過（或擱置或駁回）；文化事業的決策過程，也是如此（這點是慧堃法師受訪時告知）。換句話說，文化事業的做或不做，決定權在宗務委員會；而這也等於是宗務委員會創辦了文化事業（即使它是由相關職事單位所企劃）。

佛光山文化事業的內在結構和外化行動，大致不脫離這個脈絡；但我們還得知道佛光山所以能夠凝聚意志力來辦好文化事業，當中一定還有一些環節不容忽略。首先是星雲大師經驗的傳承：

> 我自覺學問淺陋，所以極力向常住爭取擔任圖書管理工作，藉此機會閱覽羣書；我自忖天資愚昧，所以上課時聚精會神，博文強記。今天我利用零碎時間伏案思索，在日記上發抒我對一件事的意見，對一個人的描述，對一堂課的感想，對一句話的看法……久而久之，文思如泉湧般瀉入筆端；每

月將盡，我將學習所得編成一本「我的園地」，裏面有詩集、有散文、有論說、議事……年少時的自我鞭策畢竟沒有白費，直至今日，山河大地、風土人情，無一不是我弘法的素材，所謂「大塊假我以文章」……二十三歲時，赤手空拳，渡海來臺，初時衣不蔽體，食不裹腹，念及自己既無顯赫家世，又無師門特色，幸賴世間諸多因緣助我成長，所以總是抱持惜福感恩之心，任勞任怨。同道說我力氣很大，為了不辜負他的讚美，所以使出全身力氣，拉車、挑水、擔石、負薪，沒想到日後竟成為開闢佛光山的資本；前輩命我前往教書，我原本身性怯弱，不敢面對大眾，但既然承他看得起，因此我挑燈熬夜，準備教材，鼓起勇氣，登臺宣講，沒想到就這樣一路從北部講到南部，從海內講到海外；長老要我負責文宣，編輯雜誌，其實我根本沒有什麼經驗，蒙他不予嫌棄，所以我全力以赴，從撰文、編輯，一直到印刷、發行，我一手包辦，沒想到後來憑著這一點歷練，開辦了各種佛教學報、雜誌……（而）在一個簡陋的小廟裏，一架老舊不堪的裁縫機上，我寫了一本《釋迦牟尼佛傳》；在鄉間臭氣沖天的尿桶邊，我完成一部《玉琳國師》。在崎嶇不平的山路行進當中，〈弘法者之歌〉於腦海裏一氣呵成；在汗流浹背的披荊斬棘期間，〈佛光山之歌〉於心湖裏陸續成章。在地勢懸殊的麻竹林中，我建立一座世界最大僧團道場；在政令繁複的教育界中，我創設古今第一所不收學雜費，由佛教開辦的社會大學。初闢草萊時，寮房裏的書桌是將工地拾獲的幾塊木板拼製而成，春去秋來，我埋首其上，不知擬好多少份計劃，寫就多少篇文章；剛成立客堂時，裏面的沙發是信徒丟棄不要的舊

物，我們把它揀回來使用，三十年來，不知接待多少中外知名的賓客。「淨土洞窟」剛建好時，沒有餘錢添置設備，只得因陋就簡，以彩色布條代替雕樑畫棟，幾年下來，也渡了不少信眾；「寶藏堂」初成之時，我在這三十坪不到的房子裏擺設佛像、文物，供人參觀，有誰料到這竟是日後國內外各別分院「寶藏館」的雛形？所以我們不必遇難自憐，受挫怨天，只要自己肯力爭上游，克勤克儉，一旦因緣成熟，即使是「破銅爛鐵也能成鋼」。（星雲大師，1999h：129～134）

就是因為有星雲大師諸多經驗在幕前幕後起指導啟示的作用，才使得佛光山文化事業的持續推動有規模可尋，而不至急就章或漫無方向。因此，我們（外人）即使無法探得內部實際策劃、協商、定案和付諸施行的細節，但也不難想像星雲大師那才情高踔和有如繁蔭覆蓋的感召力，無時無刻都在轉為精神領航的動能。其次是徒眾獻智齊心共同承擔大業；

> 弟子中具有「牛馬」精神者也是不勝枚舉，像三、四年前，心平從清理環境到印刷傳單，辦事之謹慎，顯出他老成忠厚的特質，直至擔任佛光山住持之後，因積勞成疾，圓寂往生為止，種種行儀見證了「欲作佛門龍象，先作眾生牛馬」誠非虛言；慈莊在寺院裏從掃地抹桌到推銷書籍，無一不做，如今憑著流利的外語及親切的風儀，拎著一個小布包，獨自一人走遍天涯海角，建寺安僧；慈惠出家之後，赴日留學，每年寒暑假仍不忘回山幫忙寺務，數十年來以文教弘法聞名於海內外佛教界，四所大學籌辦工作效率之高，也令大家讚嘆不已；慈容從幫我帶領幼稚的小朋友做起，種種活動無一

不與，近十年來在世界各地成立國際佛光會，對於教會事務的嫻熟，同儕中鮮有出其右者；慈嘉從香燈行堂到燒水洗碗，包辦一切雜物，其教課認真，學問紮實，說明了從日常作務中磨練心志，在胸膛間自然流露出來者，方為真才實學；心定在開山期間搬沙挑土、鏟地推車，有求必應，從不推辭，兩年前他被推舉為佛光山第六任住持，實是眾望所歸；餘如依空、依淳，大學畢業之後來山出家，也都是從擔任知賓及端茶服務開始做起，他們分別在日本東京大學及文化大學佛學研究所深造期間，還參與文化編輯工作，學成後受命掌管《普門》、《覺世》的編務及普門中學的校務，如今久煉成鋼，成為文教界的尖兵，這一切都是他們從辛勤作務中結成的花果。（星雲大師，1999d：268～269）

　　佛光山的許多徒眾亦然，他們和我見面的時候，為了佛教的需要，放棄原先的人生規劃，義無反顧地將自己投入弘法的行列中。像依空、依昱、依法、慧開、慈怡、妙淨等，原本無意於世間的學位，但是為了想共同為佛光山的各種事業寫下輝煌的「歷史」，各自花了十年、八年不等的歲月，取得博士學位。慈惠、慈容、心定已經是馳名世界的佛教法師，他們對於名位並不戀棧，但因為佛光山有多少大學及其他教育機構，只有接受美國大學榮譽博士學位，好讓佛光山教育事業的「歷史」更加綿延久遠。慈莊憑著流利的英語、日語，如果在別的寺院，不知在海內外已經收了多少的徒眾，但是為了佛光山在世界五大洲的建寺工程，他心甘情願，席不暇煖地到各處視察；後面跟進的慧禮、依來、依恆、依宏、依訓、永全、滿謙、覺誠等，也紛紛學習他的精神，誓言為佛

光山的寺院建設繼續寫下璀璨的「歷史」。

　　此外，覺穆雖是建築科系出身，但無意於建築，只想當個法師，因而不惜放棄建築師資格，隨我出家；但到了佛光山，為了事實的需要，只得又再拿起米達尺、設計圖，好為佛教的建築寫下不朽的「歷史」。妙慧為了追隨我弘法利生的腳步，辭去了優渥的會計師職業，佛學院畢業之後，到中華佛光總會、人間文教基金會，從頭開始學習佛門行政事務，準備日後為佛教的未來開拓更遠大的「歷史」。他們改寫了自己的「歷史」，創造佛光山共同的「歷史」，日後佛光山的「歷史」必定也會留下他們努力過的成績。（星雲大師，1999b：206～208）

佛光山所以有今天這樣了不起的成就，徒眾的忠誠和矢志獻身也是個關鍵。他們追隨星雲大師的步伐，普渡有情，並為佛光山永世的基業殫精竭慮，才智傾出。而從上舉星雲大師從容疼惜的敘述中，我們當也會感到徒眾為光榮佛教而勇於擔負的一股堅定的毅力；正是它不斷地把佛光山的佛化事業推向歷史的前沿。而當中弘揚佛法的人才濟濟，更導至佛光山文化事業的蓬勃發展，遠為羣倫所不及。再次是佛光山上下敢拚鬥的精神：

　　開闢佛光山是第四個轉捩點。當時很多人看到這塊偏處一隅的荒山野地，紛紛卻步退心，我不為動搖。三十年來，「敢」和洪水颶風搏鬥，一次又一次重拾磚瓦，再建家園；「敢」在是非批評中生存度日，以事實瓦解有心人士的毀謗。在無錢無緣下，我培養了一千多名僧伽弟子，在世界各地服務大眾。其中，有許多弟子承繼了我「敢」作「敢」為的作風，不眠

不休地弘法利生，令我感到十分安慰，像慈莊，手拎一只小布包，就「敢」走遍世界五大洲建設一百餘所道場；慈容，雖然生來一副瘦弱的身軀，卻「敢」周遊全球各國設立佛光會；依華，「敢」隻身到環境惡劣的印度留學，十年寒窗，學成歸國，促成佛教戒法再傳印度的殊勝因緣；慧禮，「敢」赴往「黑暗大陸」──非洲弘法布教，感化無數黑人皈依三寶、出家學佛；依德，為了護持佛法，「敢」在劣民刀槍之中，奮不顧身，勇往直前；覺傳，在綁匪面前，「敢」滔滔講說佛法，絲毫無所畏懼……「敢」，不但成就了一己的道業，也促進了佛教事業的發展；「敢」，不但涵養了個人的聖胎，也成就了萬千眾生的慧命。

　　1985 年，我從住持之職退居下來，破除臺灣佛教「萬年住持」的傳統，為教界作模範，為大眾立榜樣。退位之後的我天地更為寬闊，因為我「敢」向自己的缺陷挑戰，以辛勤的耕耘來戰勝先天的不足；我「敢」邁開腳步，行人所未行之路。例如：我不會他國語文，但我「敢」到世界各地弘法，佛教在五大洲於焉發揚光大；我不曾學過組織企劃，但我「敢」創立國際佛光會，讓僧信平等的理想能在現世落實；我沒有豐富的辦學經驗，但我「敢」辦大學，作育英才，像美國的西來大學曾獲得優良大學的認可，嘉義的南華管理學院在接辦一年之內開學招生，創辦至今，時間雖短，卻也聲譽鵲起。去年進來的一百名學生當中，有二十七個學生將該校填為第一志願，有三十幾個學生將該校填為前十個志願，為臺灣教育史創下先例；我也不懂廣播、電視，但我「敢」創辦公益

性質的「佛光衛星電視臺」，所有節目不但有益身心，而且沒
有廣告插播。（星雲大師，1999b：152～154）

所謂「萬事具備，只欠東風」，佛光山許多工程浩大的文化事業（如
寺院的興建、大藏經的編纂、佛學叢書及佛教經典寶藏的出版、出
版社和雜誌社以及衛星電視臺和報社的開設等）所以能落實完成，
所需要的東風就是這一敢衝刺的精神。我們不知道佛光山內部在衡
量評估下定決心的過程中，要忍受多少窮智困慮的煎熬和人少財絀
的窘況，但可以確定的是他們都「拚命」的把它做好了。這豈是一
個奇蹟了得？背後那一勇往直前的「拚勁」才真正可觀（深具啟發
性）。而由此可見，宗務委員會的議決只是一個助緣，佛光山文化事
業的創辦早已在上述星雲大師經驗的傳承、徒眾獻智齊心共同承擔
大業和佛光山上下敢拚鬥的精神等諸多條件下決定了。

第三節　都監院籌建寺院

　　寺院在教團來說，既是僧眾修行安定的地方，也是弘法渡眾的
娑婆道場。此外，它本身更是一個佛在人間的象徵。因此，寺院的
功能是多重的；而我們從文化傳播的角度來看，它以特殊的造型擺
設來徵驗佛法，所成就的象徵性藝術，不啻給人類文化增添了一股
新的生命力。由於這個緣故，寺院的建築也成了佛教的文化事業之
一，而跟其他諸如佛經編纂、佛學研究、講經說法和各種傳播媒體
的開發利用等等同樣重要。在這佛光山，目前是由都監院在負責籌建。

　　依佛光山宗務委員會組織章程第四章第二十六條所載，都監院的職權有四項：（一）執行僧信會員代表大會決議；（二）秉承住持指示召集會議及綜理各項寺務；（三）籌集管理及支配本寺財產與經費；（四）督導各監院室及別分院推動發展寺務。而其組織，則為「都監院設院長一人，綜理院務，由住持於修士級以上僧眾會員中提名，經宗務委員會議通過後任用之。任期六年一任」及「都監院下設寺務、福田、福利、信眾、工程、慈善等監院及別分院住持若干人；主任書記一人，均由都監院院長於學士級以上會員中提名，經住持認可後，經宗務委員會議通過任用之」。寺院的籌建，就屬它所負責的項目之一。但這裏所謂的籌建，僅限於規劃和執行，中間的審議核可權還是在宗務委員會。

　　佛光山的總本山，從初期的闢建到現在，已經歷無數度的波折。當中不論是改建還是擴建或是修葺，所遭遇的困難都不是外人所能想像。爾後又在海內外增建別分院，要跟當地自然或人為的阻力奮鬥，更顯現它的「患難興教」性格。這點可以從星雲大師的自述中看出一斑；

　　　　決定籌建佛光山時，也聽到不少反對的聲音，信徒們認為，既然已經有了宜蘭雷音寺、高雄壽山寺可以聽經禮佛，有何必要千辛萬苦的另拓道場？於是我特地包了一輛大巴士將大家帶往現場，以便實地說明心中的理想，沒想到他們見到刺竹滿山，野草沒脛，更加害怕起來。大家不但不肯下車，還說：「這種鬼地方，有誰會來？要來，師父你自己一個人來吧！」我獨自下車，信步繞山一匝，思惟良久後，篤定地對自己說：「我，非來此開山不可！」

　　　開山時，篳路藍縷的困苦艱辛，日夜不休的擘劃經營，
層出不窮的洪水天災，聲勢浩大的悍民圍山，都非筆墨可以
形容。然而就在無比堅定的勇氣之下，一石一土的堆積，一
血一汗的揮灑，荒山成為今日佛光山勝地。當年不肯下車的
信徒，後來都成了朝山的常客。當初美國西來寺的建設，也
曾遭受附近居民的反對，經過百餘次的公聽會、協調會，十
年的慘淡經營，才得以完成，如今不但是西半球第一大寺，
更受到美國人的歡迎。其餘海內外各別分院，也都是在經濟
拮据、人力缺乏的情況下創立而成，其中所經歷的困境，不
知凡幾。自忖若非秉持勇猛的信心和毅力，無法完成「佛光
山普照三千界，法水長流五大洲」的心願。（星雲大師，
1999b：14～16）

佛光山的興建，還有兩個因緣。一個是星雲大師到高雄弘法後，信
徒決定為他覓地興寺，「有錢出錢，有力出力，壽山寺於焉迅速落成，
繼而又在寺內成立佛學院。不久，隨著信徒與學生的增多，空間不
敷使用，故打算另闢寺院，經過多方查訪，我們看上澄清湖畔一塊
景色優美的土地，正決意付訂金的時候，一個徒弟說道：『我們如果
在這裏建寺，蔣中正總統來澄清湖時，就可以順道來此禮佛了！』
我聞言後，十分不以為然，心想：建寺安僧是要使大家專程前來聞
法修道，不是讓人順道冶遊觀賞的。我們為什麼不沾佛光，而去沾
湖光呢」（星雲大師，1999b：29～30），於是放棄了購買的打算，而
跟澄清湖失之交臂。另一個是 1967 年時，星雲大師無意間聽說越南
褚姓華僑夫婦急於脫售一片二十甲的麻竹山地，以度難關，卻苦於
無人肯買，全家大小坐困愁城，正欲投河一死了之，星雲大師見「人

命關天，心生悲憫，於是將『佛教文化服務處』變賣，以所得款項購買這塊土地。當時，許多信眾認為將這麼一塊座落在鬧區的房子賣了，換為荒山野地，簡直是聞所未聞，因此都來勸說反對。我還是力排眾議，買地救人」（星雲大師，1999a：111～112）。此外，佛光山從無到有，而從有再到當今盛大的規模，它一方面是應信徒的需求，一方面是佛光山內外齊心協力的結果。所謂「開山以後，我們應信徒食宿上的需要，設立東禪客堂、信徒服務中心；應信徒信仰上的需要，相繼興建大悲殿、大智殿、地藏殿、普賢殿；最近更應信徒修持上的需要，完成了禪堂、抄經堂、禮懺堂、念佛堂（按：1998 年還興建完成多功能的雲居樓），使得佛光山成為名副其實的四大名山菩薩道場」（星雲大師，1999d：37），說的就是前者。至於後者，可以星雲大師的兩段話為證：

　　記得剛闢建佛光山時，經濟十分拮据，每逢假日，我還得親自下廚，為來山的遊客服務，希望多得一些油香，來補助建築經費。為了節省工資，我經常將很多工作從蕭（頂順）先生的手中再包回來自己做，舉凡搬運沙石、攪拌水泥等需要用力的粗活，都由我和早期的徒眾，如心平、心定、依嚴、依恆等人扛起重任，像淨土洞窟兩邊的圍牆、靈山勝境的廣場、大雄寶殿前面的成佛大道、大悲殿前的丹墀，還有龍亭、放生池等多處地方，都是在我們師徒同心協力之下完成的作品，外觀雖不精華，但很堅固實用。（星雲大師，1999d：8）

　　　從佛光山的建築，就可以看出創建以來，大家集體創作的「歷史」。像吳大海居士在開山初期，率先捐助了第一座水塔，我將之命為「大海之水」。觀音放生池的「和愛島」，是

紀念一位人稱「愛姑」的優婆夷「微和」。她不但生前熱心贊助放生池工程，並且在臨終時將全部遺產三萬元悉數捐出，作為興建放生池之用。所以完工之後，我特地將觀世音菩薩佇足的那一方土地稱為和愛島。頭山門前的彌勒佛像，是佛光山殊勝的標幟之一。這尊佛像是佛光山開山後的第三年，舉辦第一屆大專佛學夏令營時，其中一名就讀國立藝專的朱朝基同學發起雕塑，並捐獻給佛光山。原先計劃安放在開山紀念碑旁，但是吊車工人將佛像吊到山門口暫為休息之後，想要再吊起時，佛像竟如磐石般安然不動；後來向高雄工兵隊商借巨型吊車左右齊吊，奇怪的是，吊到鍊鎖都斷了，仍然無法移動分毫；不得已，又再商請高雄港務局，將全高雄起重量最大的吊車借來，還是無法吊起。後來大家想到這裏或許是彌勒菩薩自己選定和大眾結緣的地方，所以就不再移動了。看來，方面大肚，笑臉迎人的彌勒佛都在努力地為佛光山寫下「給人歡喜」的「歷史」，我們怎能在輕忽懈怠中，不為人間和自己的生命寫下紀錄？（星雲大師，1999b：208～209）

而為了建寺安僧，弘法渡眾，這中間又是如何的艱難？星雲大師曾以「移山倒海，驚泣鬼神」自我形容（星雲大師，1999f：71），可見並不是常人所能容受。往昔孟子所敘及的「天將降大任於是人也，必先苦其心志，勞其筋骨，餓其體膚，空乏其身，行拂亂其所為。所以動心忍性，曾益其所不能」（《孟子‧告子》），不知道古來有多少人「堪任」，在星雲大師和他的徒眾身上卻充分的應驗了。此外，星雲大師還有一段追憶，也很可以看出佛光山創業惟艱的「始終如一」：

　　弘法渡眾的艱辛還不足道，開山建寺才是無比困難，像五層樓的壽山寺正好位於要塞司令部的隔壁，軍方以妨礙軍事目標為由，多次下達拆除的命令，但由於我「勇敢」地據理力爭，終於說服他們，在當年軍令如山的臺灣，可說是稀有所聞。佛光山則深溝連連，光是搬運沙石、移山填壑就十分困難，而這裏土質又奇差無比，遇水鬆軟，常常好不容易建好的工程，一場雨下來，就被洪水沖垮。為了擋水，我經常率領徒眾冒著狂風暴雨，搬沙包，運石頭，甚至連自己的棉被都拿出來應急。1977 年，初創普門中學時，正逢颱風來襲，不但吹來的焚風，所到之處，草木皆枯，而且過境之後豪雨不斷，處處成災。普門中學生活大樓坍塌了，我們一面冒雨搶救，一面為新生辦理報到。

　　數年後，又一場颱風，高雄縣多處成了水鄉澤國，普門中學的山壁也被洪水沖倒，我們一面自力救濟，一面應李登輝總統的點名徵召，為臺灣災區籌募賑災款項。所謂「自助人助」、「利人利己」，承蒙第八軍團的工兵來幫我們整理災區，修補圍牆達數月之久，讓學生得以安心上課。

　　隨著來佛光山的信眾日增，相繼興建的朝山會館、麻竹園、檀信樓已不敷使用。數年前，為了建一座可容八千人一起吃飯的大樓，我再度「向困難挑戰」，在經濟拮据、施工不易的情況下動工，光是奠基時，打到地下的木樁就有四十公尺之深，如今「雲居樓」終於完工，計有三萬六千公尺建坪，一、二樓沒有一根樑柱，上面還有四層樓，人稱「世界第一」。

　　佛光山北海道場因位於臺灣北端山區，一年四季雨水寒天，工程經費龐大不說，當地的悍民想盡辦法削切山路、阻

斷交通才是最為棘手的事情。後來在慧傳和慧義的建議下，決定另闢道路，東借西補地湊了五千萬元的工程費用，總算一勞永逸，解決行車的困難。有一天，擔任北海道場監寺的慧傳載我上山時，指著那條路對我說：「您看！北海道場多麼雄偉壯觀！」我笑著回答：「我一路上沒有看到你們開闢的道路，我只有看到萬分困難下付出的鈔票！」

所謂「人心難測」，到處皆然。我在花蓮建道場，當第一位具有背景的人控告我們非法建納骨塔，多虧政府官員明察秋毫，來到寺院詳細盤問，並且拿著米達尺，一分一釐都測量得清清楚楚，證明與建築執照符合，而在該寺擔任住持的滿泉也具有「勇於面對困難」的性格，在法庭上不亢不卑，對答如流，佛光山才免除一場無妄之災。

⋯⋯我在歐美購屋建寺也遇到同樣的「困難」，往往找了一年半載都徒勞無獲，像現在巴黎道場原是一座廢棄的倉庫，還是幾經尋覓，才由江基民居士找到的；目前西來大學的校址也是輾轉周折之後才得到手。海外開山之艱辛，可見一斑。幸好我的許多弟子都具有「向困難挑戰」的精神毅力，才使得弘法利生的工作不致中輟。例如：1978 年在洛杉磯建西來寺的時候，美國政府抱持著質疑的態度，偏偏又逢度輪法師案中誣告，始得申請建寺的過程備加艱辛，幸虧慈莊、依航「不向困難低頭」，每天冒著寒風一家家拜訪，經過六次公聽會、一百多次協調會，最後連耶穌教徒都說：我們的家庭需要西來寺，天主教徒也出面說明佛教是正派的宗務，美國政府終於核准建寺。（星雲大師，1999b：116～120）

曾任都監院長且一直參與佛光山建寺工程的現任宗長心定和尚，在受訪時也提到他所親身感受到的挖山填溝、鑄模灌漿、築路砌牆、發包監工等等苦況，最後他輕輕一嘆：「唉！這些還不是最苦的。最苦的是施工後，才發現錢用完了，付不出工程款，常要跑給工人『追』！」我接著他的話尾說：「現在佛光山有這樣的成就，一切的辛苦都有了代價。」心定和尚聽後，呵呵大笑，把來時路上種種險巇苦難都托給了流雲和輕風，剩下宏偉的建築和佛光人的勤力慧思在跟日月爭輝且留予人不盡的緬懷沈思！

第四節　文化院掌管文化出版

在佛光山，主要推展文化事業的單位是文化院。依佛光山宗務委員會組織章程第四章第二十八條所載，文化院的職權包括：（一）廣集人才，以推展流傳佛教文化事業；（二）編譯佛教藏經古籍及各類研究佛書之工具書；（三）出版發行各類佛教書籍、學報、錄音帶、錄影帶等弘揚佛法；（四）發行各類定期刊物，廣為流通。因此，本節所謂的「掌管文化出版」，是僅就分工上的「重點」而說（而不是代表文化院只負責文化出版一項）；同時它也一樣要受限制於宗務委員會。

至於文化院的組織，依組織章程所列，則有「文化院設院長一人，由住持於修士級以上僧眾會員提名，經宗務委員會議通過任用之」及「文化院下設普門雜誌社、覺世月刊社、佛光出版社、佛光文化事業有限公司、佛光書局、視聽中心等佛教文化事業單位」。這需要作三點補充：第一，佛光山於 2000 年 4 月成立的人間福報

社，也隸屬於文化院，同時把《覺世》月刊併入《人間福報》，而不再單獨發行；第二，原在文化院轄下同屬文化事業單位的編藏處、圖書館、美術館、佛教經典叢書翻譯中心等，基於管理上的方便，已各自獨立或歸建別分院，另外再增加一個資訊中心；第三，相關文化事業單位都在外面設址，除了必要的合作協調，幾乎都是獨立作業，而留在總本山院裏的只剩叢書、套書、特刊、年鑑、網路（全球資訊網、資料庫）等編輯工作（滿三、永重等法師受訪時告知）。

　　大家都知道文化和教育同為佛教的慧命所繫，歷來的祖師大德始終沒有忽視這一環；只是受限於時空、政經、才情、見識等條件，無法有效的發展推廣，而留於後人補苴罅漏或張皇幽眇或萃取精進的機會。這在佛光山，特能把握時機，而開啟曠古所未有的全方位佛法傳播的新紀元。這種統攝在文化事業中的佛法傳播方式，星雲大師早就有構想；

　　　　說到文化，佛教非常重視文字般若的傳播。《金剛經》中有四句偈的布施勝過三千大千世界七寶布施的功德，十法行中更提倡書寫、演說、披讀、印經的利益。若非鳩摩羅什、玄奘三藏等翻譯經典，何有東土佛法？日本佛教為人稱道，除佛教教育普及外，即為對佛教文化的重視。明治維新時，鼓勵大家撰寫佛傳，目前日本的佛傳，不下百種之多。臺灣目前佛教的文化出版，五彩繽紛，百花爭豔、萬家爭鳴，此中不乏佼佼多士，只是多數精緻不足，曲調不高。例如；一再翻版影印，不能更新；一再互相轉載，少有創作；一再分人分我，不夠默契；一再過分保守，空乏無力。故特建議如下：

　　　　（一）將目前所有佛教雜誌，依讀者和性質分類，分別

改為《佛教青年》、《佛教兒童》、《佛教婦女》、《佛教史學》、
《佛教生活》，以便讀者選讀他的需要。

（二）成立資料中心，讓有心的人研究佛教時，非常容
易找到他的需要。

（三）佛光山籌備的電腦大藏經、電腦大辭典，能早日
問世。

（四）佛教需一份報紙，《福報日報》停刊，非常可惜，
希望有心人再接再勵，甚至設立電臺、電視臺。

（五）聯合佛教各方人才，出版一份夠水準的學報。

（六）獎助佛教學者，鼓勵撰寫佛學論文、佛教文藝、
佛教音樂詩歌等。

（七）獎勵佛教藏經、古典著作，分別標點、分段、註
釋，增加索引，便於閱讀。佛教所有出版品，要通俗化、文
藝化、生活化、美術化、音聲化、圖表化。

（八）各佛教團體，經常舉辦各種學會，甚至國際會議。

（九）每一寺院，每週應定期舉辦一次「佛學講座」，或
各種座談會。

（十）寺院設立的條件，除佛殿外，起碼要有一個小型
的圖書館，一個小型的講堂。

（十一）獎勵優良的出版品，如此次行政新聞局頒給《佛
光大辭典》、《文殊》雜誌及《普音》的金鼎獎。佛教團體應
給佛教文化人獎助，例如印順長老，就應得到佛教文化人獎。

（十二）有系列地出版專書，如佛史專書、唯識專書、
禪學專書等。因為專書，所以才便於學者的研究。

關於佛教文化的問題很多，如稿費的問題、版權的問題、

贈閱的問題、流通的問題，甚至佛教徒應養成讀書求解的習慣問題等等。

這些建議，如獲佛教界重視採納，獲得解決和共識，則佛教文化更能發揮輝煌的效果。（星雲大師，1991：99～101）

這有的佛光山已經做到了（如編輯雜誌、辦報紙、架設廣播電臺、成立電視臺、重新編纂藏經、印學報、出版佛學叢書、製作電子佛典、灌製錄音帶、拍攝錄影帶、建圖書館、立美術館、開辦佛學講座、舉辦佛學會議、獎助佛教學者等等）；有的佛光山正在努力嘗試（如成立資料中心、《佛光大藏經》電子化、佛教文化人獎等等）。而不論已經做到了或正在努力嘗試，都可以看出在佛光山的帶領下，佛教的文化事業比先前任何一個時期都要夠得上「欣欣向榮」的雅名。雖然如此，推動佛教的文化事業，對佛光山來說過程一樣充滿著艱辛。這從星雲大師片段的回憶，就可以會意一二：

> 早年，懂得為佛教文化盡心盡力的人實在太少了。因此，對於願意助我一臂之力的文人作家，我都尊為上賓，給予種種的款待服務；對於文字有興趣的初學者，我也不願其煩地教導他們寫作，儘管耗時費力，我也「心甘情願」，樂此不彼。於今，一些出版界的朋友，譬如作家鄭羽書想要發行宮廷大內典藏的佛經，我便「心甘情願」作不請之友，向故宮博物院院長秦孝儀商借；采風出版社的姚家彥要編印佛教書刊，我也幫助他行銷。甚至當年素少往來的張曼濤以及朱蔣元，我也建議他們出版《現代佛教學術叢刊》和《世界佛學名著譯叢》，並且一再贊助他們。後來，他們財政發生困難，向我求援時，我也不計嫌隙，四處為他們籌款，不下數百萬元，

助他們渡過了難關。當時徒眾都不以為然，而我為了佛教文化的傳揚，還是「心甘情願」，力排眾議，搶救了這兩套書。今天這兩套書對佛教的貢獻，我想是有目共睹的。

　　從《覺世》旬刊（按：後來改為《覺世》月刊）到《普門》雜誌，從「佛教文化服務處」到「佛光出版社」，從《佛光大藏經》的編纂到《佛光大辭典》的發行，三十年佛光山文化單位經常入不敷出，然而財物的拮据從未影響我辦理佛教文化事業的決心！

　　過去，我省吃儉用，每到一處，便廣為蒐集佛教文物，為了節省運費，我抱著沈重的佛像法器、經書聖典、國內國外，上機下機，出入海關，往往引起旁人奇異的眼光，甚至被譏為經商販賣。其實，我為了實踐自我期許的理想和目標，「心甘情願」忍受一切難堪與污衊。後來，從臺北到高雄，從國內到國外，因為我的努力，近十間的圖書館成立了，佛光山、西來寺、巴黎道場的佛教寶藏館完成了，我的心願逐漸實現，見到正信的佛教徒日漸增加，雖然數十年來屢賠不賺，還是覺得非常「心甘情願」！（星雲大師，1999i：30～32）

是否也因為得來不易的成功的果實特別甜美，所以星雲大師就「越挫越勇」，以致於把佛光山帶向了一個萬事齊備而人人稱羨的境地（心定和尚在受訪時就指出，佛光山所以會收藏佛教文物和佛教藝術品，為佛教的慧命添一審美情趣，都是來自星雲大師的構想；而放眼當今佛教界，還少有人有他那樣的眼光和魄力）。還有星雲大師不斷地資助他人共同成就佛化事業的那種「成功不必在我」的作為，無形中也促進了佛光山本身文化事業的快速發展（受資助的人大多

會伺機回報，幫助佛光山推動文化事業），而且永遠不愁「人才荒」！因此，星雲大師所預期的「未來會比現在更好」，也就不再是一張難以兌現的支票了：

　　三、四十年前的臺灣，佛教徒多以誦經拜懺為主，對於佛法中因緣果報等教義並沒有真正的認識，當時的寺院多將佛經典籍束之高閣，一般人不易接觸，市面上印行的佛書，多以課誦本或一些非佛法的善書，即便偶見《金剛經》、《彌陀經》等，也都是古本製版流通，內容艱澀，印刷粗糙，真正能讓人了解佛法的讀物真是少之又少。

　　有鑑於此，我嘗試用淺白平易的文字撰寫佛教小說、散文、傳記、詩歌，在報章雜誌刊登，在廣播電臺發表；我設置「佛教文化服務處」，出版簡明易懂的佛教叢書；我發起「每月印經會」，採新式標點符號，分段、分行，重新編印佛經；我編纂佛教雜誌，登載雅俗共賞，老少咸宜的文章，使佛法能深入人心……凡此都獲得了大眾良好的反應，連平日視佛教為迷信的知識分子，也開始予以認同。

　　為了提升佛教文化的層次，我繼續往前邁進，創設佛光出版社，以生動的文字將佛教的智慧流通於世；成立大藏經編修委員會，以現代化的方式讓大眾易於接受佛經；舉辦贈書活動，將優良的佛教圖書捐給機關學校，使整個社會都能受到書香的薰陶；鼓勵演藝人士從事佛教電影的製作，以悲智願行的典範寓教於樂；指導老師們研究佛經裏的教育方法，用方便巧思啟發學生的心聲。目前，我仍然不斷地著書立說，將自己體驗的佛法公諸大眾，並且繼佛光山、西來寺、

澳洲的佛教寶藏館之後，又於各處設立展覽館、美術館，以精美的文物展現佛教歷史的源遠流長、佛教教理的博大精深。

　　臺灣佛教從乏人問津到熱烈澎湃，佛教典籍文物的通俗化、文藝化可說居功最大。將來，我們還可以從事長程的規劃，重新結集三藏，將漢文三藏經典整理簡化，添加南傳經典和現代著作，修正與原意大有出入的佛書，補入新發現的古人作品，舉凡相關的漫畫、攝影、雕刻、建築、圖表、梵唄聖樂等曲譜、護教辯難的論文、法制規章程序等，均納入其中，並且重新歸納分類，電腦存檔編印，成為國際共遵的三藏經典，讓佛法從山林寺院走入社會學校，從出家弟子到達在家信眾。

　　此外，我們可以擬定方針，大力提倡佛教優良讀物，講披佛教音樂創作；分門別類，出版佛教專書；運用視聽科技，將佛經講座、梵唄音樂、佛教卡通、佛法典籍、佛教劇本、佛教故事製作成錄影帶、錄音帶、光碟片；成立佛教資料社，將佛教人事、數字考據等資料建檔，為歷史留下見證；興辦佛教通訊社，對外發布佛教每天的大事、活動、佛教對政經的觀點、佛教對生權的維護、佛教對和平的看法、佛教對輿論的督促；設立佛教電臺、電視臺，二六時中，出和雅音……讓社會大眾的眼見耳聞都能夠浸潤在佛教的世界裏，相信未來社會一定比現在更安和樂利。（星雲大師，1999b：73～76）

所有的有緣人，都將受感召而來，一起承繼佛教慧命，合力創造人間淨土（在上引書裏，星雲人師還提到許多有志於文藝的朋友，主動「發心規劃，貢獻良策」或「動腦宣導，積極推動」的幫助佛光

山推展文化事業，可見它早已發生效應）（星雲大師，1999b：183
～185）。而佛光山「以文化弘揚佛法」的經營方針和成就，也終將
被肯定，成為漫漫歷史長河裏熠熠發光的一盞明燈。

第五節　文教基金會負責文化推廣

　　除了文化院，兼行推展文化事業的單位還有佛光山文教基金
會。它是佛光山慶祝開山二十週年紀念行腳托缽法會所得的款項，
於1988年報請政府機關核准而設立的永久性基金會（佛光山宗務委
員會編，1997a：246）。依佛光山宗務委員會組織章程第四章第三十
條所載，佛光山文教基金會的職權包括：（一）舉辦各種佛教或公益
性文教講座；（二）舉辦國內、國際學術會議；（三）輔助選拔僧眾
出國弘法、留學、參訪；（四）獎助有關佛學、教育等淨化社會人心
之書刊發行；（五）籌辦國際文教交流；（六）推動有關佛教文教活
動。而它的組織，則有「佛光山文教基金會設董事五人，由住持於
修士級會員中提名，經宗務委員會議通過任用之。任期原則為三年
一任，但因故可由宗務委員會議決定增減之」及「佛光山文教基金
會為財團法人，有其法定之組織章程，故其董事、人事、運作原則，
由佛光山指派督導外，均依章程規定行事」。此外，基金會轄下還權
設九組，分別任事：（一）電腦大藏經；（二）佛教學術會議組；（三）
委託資助研究組；（四）僧伽道學研究組；（五）弘法訪問講學組；（六）
書刊專著出版組；（七）教育事業獎助組；（八）佛光緣美術館；（九）
中國佛教經典寶藏編輯組。由此可見，佛光山文教基金會著重在推
廣文教事業，「分擔」了文化院和教育院所該負的文教交流和公益活

動等任務。因為文化事業的推廣也歸它負責，所以才有節名「文教基金會負責文化推廣」的訂定。當然，它所承辦的業務，也是宗務委員會所核可的。

　　根據永本法師在受訪時告知，為了因應時代的變遷，佛光山文教基金會的運作開始有些轉型，目前以舉辦學術會議、發展梵唄音樂、推動讀經研習班和製作電子佛典等為工作重點。這裏頗有星雲大師過去在演講「佛教的前途在那裏」時所強調的「普及佛教文化」的意味：

　　　　一個宗教團體，一種思想主義，要別人接受，甚至信仰，必須有適應各種根性的讀物。佛陀一再強調閱讀佛經、傳播佛法的功德，但遺憾的是「佛學」已成為艱深難懂的代名詞，已成為藏經樓上的古董。雖然也有人致力於佛法的弘揚，可是因其不夠通俗，仍難普及社會，深入人心。

　　　　文字語言是表達思想主義的最佳武器，是宗務傳播教義最直接的方法。基督教把他們的《聖經》陳列在各大旅館的牀頭，神道教把他們的「善書」放在市場或公共場所，主要目的就是讓廣大民眾接受他們的傳教。他們的方法很好，可惜他們的教義前者不易為人接受，後者的內容曲調不高，假如佛教能有普及的讀物，能有這些普及佛教的方法，則佛教成為社會大眾生活中的幸福指南，必然讓佛法成為末世眾生的光明！

　　　　佛教中目前印行的佛書，最多的是《金剛經》、《彌陀經》，或是課誦本，和一些不是佛法的善書，真正能讓人讀後了解佛法的讀物，實在不易多見。尤其印刷業發達的當代，我們

仍然把古老的木刻書拿出來一印再印，仍然把有句點沒有標點，只有全文沒有分段的經文影印又再影印，宋明時代印行佛經多採用鎏金印刷，現在一般書籍都是彩色版面，而佛教本應重視佛法的流通傳播，為什麼我們現在反不重視印刷的精美？

印刷精美以外，生動的文字更重要，當初鳩摩羅什大師譯經，非常重視通順暢達，甚至長行不足，補以重頌，總使你讀來琅琅上口，沒有文字障礙。多少歷代大師將經文改編為變文體裁，用來歌唱，如八相成道變文、維摩詰變文。為了渡生的方便，如此苦心的普及佛教讀物，為什麼古人能，我們今人就不能？

基於這種原因，我們希望今後佛教界能從下列佛教讀物用力：

（一）編印佛化家庭叢書：佛教的重點，不一定要定於寺院，每一信者的家庭，應該就是一所道場，在家庭，擁有一部佛化家庭叢書。舉凡家庭分子的需要，如修身篇、處世篇、職業篇、財物篇、倫理篇、素食篇、解疑篇、應用篇、儀禮篇、經論篇等，讓家庭每一分子人人都覺得家中擁有一部佛教百科全書，凡是他需要的佛法，在家庭叢書中，都能獲得實用。

（二）編印佛陀聖僧叢書：宗教給人啟發信仰，除教理以外，主要就是教主和聖弟子的人格給人崇敬，所以教主佛陀傳記，菩薩、羅漢、聖僧的事蹟，能以流暢的文筆，亦事亦理的敘述，給學者有見賢思齊的想法，最能攝受各方面的信徒。甚至善男信女見聞的證道，士農工商學佛的心得，都應編印叢書，作為入門的基礎。

（三）編印敦品勵志叢書；佛教給予人的，不只對來生的希望，尤其對現世人格道德的完成。社會敦品勵志的書籍很多，但都沒有佛法的深入與圓融。比方說：發心篇、結緣篇、律己篇、利行篇、愛語篇、除習篇、達觀篇、嘉言篇等，此書能編印完成，則家庭的父母教導子女，學校的老師教導學生，機關的上司告誡部下，相交的朋友互勉互勵。如此實用的佛教，誰不接受？

（四）編印禪淨概論叢書：佛法的經論，浩瀚無涯，但最為人普遍接受的莫過於禪與淨土，但此類書籍供人研究的多，供人實踐的少。比方，參禪究竟有多少法門，悟道的過程究竟怎麼樣？九住心的階第，七支禪的坐法，還有語錄的範例，禪僧的行誼等，都可分類編纂。《淨土十要》很好，《淨土全書》的蒐羅也廣，只是我們要求更精更簡，更能通達易行。

（五）編印分齡分性叢書：例如男士的有工商篇、經營篇、應酬篇、正行篇等，女士的有治家篇、育兒篇、衣食篇、健康篇等；分齡的應有少年叢書、青年叢書、女青年叢書、婦女叢書、中年人叢書、無量壽叢書。我們所以主張分齡和分性別編印叢書，主要原因是我們認為今日三根普被的讀物太難了，不如分開來，各取所需，各讀己愛之書，比較給有心人容易契入。

（六）編印文藝文學叢書：如果說到弘揚佛法的文學力量，當推文藝創作。有的人筆力如萬鈞之重，有的人筆如千軍萬馬，文藝作品最能膾炙人口，最能深入人心。佛教應該鼓勵文學界人士以佛經內容編寫各種文藝作品，以便彙集成篇，如：小說篇、散文篇、寓言篇、詩歌篇、譬喻篇、戲劇

篇等，因為佛法文學化，佛法才更容易宣揚。

　　現在，普及佛教文化，光靠文字叢書已經有嫌不足之感，我們更能重視所謂視聽的效果，各種錄音錄影，能把各種佛學講座、梵唄音樂、電視電影、連環漫畫等，納入有計劃的推行之中，佛教讀物果能如此普及，佛教還掛念沒有前途嗎？（星雲大師，1991：148～152）

普及佛教文化，在佛光山做來可以說是不遺餘力，從文化院所負責的編譯佛教藏經古籍和研究佛書的工具書以及出版發行各類佛教書籍、學報、錄音帶、錄影帶、雜誌、報紙等，到佛光山文教基金會所負責的編輯中國佛教經典寶藏（白話版）、佛學研究論文集以及製作電子佛典和梵唄音樂等，幾乎是應有盡有；而它所運用的傳播媒體，也遍及紙張書面等單一媒體和音聲影視等多元媒體。這一切都是為圓滿佛事所作的努力，佛光山始終獨領風騷。而他分職分工、協調合作的任事方式，也直接間接的促進提升了發展佛教文化的效率和成果。此外，就佛光山文教基金會本身來說，它所兼辦的佛學會考、讀經研習班以及多年來所主辦的佛教學術會議、宗教交談、委託資助研究和弘法訪問講學活動等，也成了另類的推廣佛教文化的方式，不但效果特佳（如佛學會考一項，據永本法師所述，參加單次的人就曾高達百萬人，民眾向佛的雅興，可見一斑），而且還引起大家競相仿效（如佛教學術會議、宗教交談等，已經在國內形成風氣，佛光山的開創之功不可沒）。至於近年來所推動的梵唄音樂，不僅在國家藝術殿堂亮相，還受邀到世界各地巡迴演出，為藝術化弘法開啟新紀元，更應記上一筆而讚許它可為傳教的典範。

第六節　其他

　　佛光山的文化事業單位，主要有上述宗務委員會（統轄）、都監院、文化院、佛光山文教基金會（分別任事）等。此外，還有佛光淨土文教基金會兼負部分文化推廣的工作，以及從文化院分割出來獨立作業的佛光山大藏經編修委員會和最近幾年才設立的佛光衛星電視臺、香海文化公司，如是我聞文化公司等一起在推動文化事業（另有臺中全國廣播電臺，規模較小，此略）。它們同樣直屬於宗務委員會，但工作性質卻頗有區隔。

　　如佛光淨土文教基金會，它是星雲大師於1992年捐贈新臺幣壹千萬元而報請教育部准予設立的（佛光山宗務委員會編，1997a：247～248），旨在推展宗教學術研究、聯合世界宗教學術團體、促進國際文化和宗教學術交流、為民眾謀幸福、為國家提升國際地位，以達到淨化人心和安定社會的目的。而它目前則下設佛光淨土文教大樓籌建委員會、淨化社會人心推動委員會、國際學術交流促進委員會、佛光淨土電臺籌備委員會和研究推展委員會等（詳見佛光山宗務委員會組織章程第四章第三十一條）在籌劃相關業務。可見它著重在弘法以及跟外界的交流合作（不像佛光山文教基金會著重在策劃各種文教活動），而文化的推廣也兼含其中。又如佛光山大藏經編修委員會，旨在編輯各類佛學辭典、整理編纂歷代各版佛教經典和編纂各類佛書的工具書等，以助長佛法的延續和流傳。而它目前則下設編藏處（詳見佛光山宗務委員會組織章程第四章第三十六條）董理其事。這完全在從事文化事業中藏經編纂的工作，不會跟其他單位的性質混同。又如佛光衛星電視臺，於1997年成立，旨在推動祥和社會、致力淨化人心、關懷人類福祉和倡導世界和平。而它目

前則下設新聞、節目、業務、工程、企劃、人事等部門（詳見佛光山宗務委員會組織章程第四章第三十九條）。這是新興的傳播佛法的媒體，影響面可以橫跨世界五大洲，不僅為佛光山帶來弘法上的便利，也為淨化人心和端正社會風氣許下長遠的願景。而就衛星電視臺的設立來說，它也是佛光山在推動文化事業上所能利用新媒體的本事的展現。又如香海文化公司和如是我聞文化公司，它們都是1997年成立的。前者專門出版星雲大師的著作和一般的圖書；後者專門出版佛教的梵唄音樂，各別都略異於先前設立的佛光書局和佛光文化公司（後二者，詳見第六章第一節）。另外，2000年4月成立的人間福報社，也已形同是獨立運作的單位（雖然名義上仍屬文化院轄下），它設有編輯部、管理部、廣告部和發行部（人間福報社提供）等次級職事單位。至於單位主管或次級單位主管，則由佛光山的法師擔任或外聘專人（上述佛光衛星電視臺、香海文化公司、如是我聞文化公司等，所需的專業技術人員，也多外聘），整體上比先前任何一個單位更「社會化」；而它所揭示的「《人間福報》是一份綜合性日報，每日發行三大張，內容是溫馨的、健康的、環保的、藝文的、運動的、休閒的、家庭的、宗教的、經濟的、醫療的、科技的、益智的、生活的、娛樂的、知性的、感性的國際化媒體，有優質的內涵，與人民的生活息息相關，不媚俗、不阿諛，不要八卦的政治與消息，也不強調殺戮的社會新聞，《人間福報》關懷弱勢族羣與各地的災難救助，新聞著重準度、速度、廣度與深度，內容求真、求善、求美，迅速而翔實，是一份全家人可以安心閱讀的全方位報紙」的辦報旨趣和努力方向（詳見《人間福報》試刊號，2000.1.25，第1版），也使得佛光山的弘法隊伍徹徹底底的進佔了時代的前沿。

　　也許有人會不解佛光山那有辦法聚集這麼多人才來參與文化事業的推動？這一點，在觀察上總難全面，但長期以來星雲大師善與人結緣所建立起來的人脈和盡可能愛護徒眾而後齊為共同理想奮鬥等因素，應該是最為關鍵。這從星雲大師過去的兩段自述，可以想見一斑：

　　　喜捨一句受用的佛法能給人一些「因緣」，布施一聲親切關懷能給人一些「因緣」，甚至供養一絲真誠的微笑，贈予一本淺顯的佛書，都可以提供別人一些「因緣」。多少年來，在與道友、信徒的往來之中，我深深感到，不論是舊識或新知，不論是老參或新學，最重要的是彼此要互相珍惜「因緣」，唯有讓心與心之間搭建起道情法愛的橋樑，才能使好「因」好「緣」綿延不斷。（星雲大師，1999i：161）

　　　因此，我不但大聲疾呼，籲請佛教的長老們愛護青年，創辦佛化事業；自己也身體力行，即使在生活最艱困的時候，仍節衣縮食，將所有的齋供、嚫錢拿米作為維持佛教事業的經費，結果佛教事業，如文化、教育、慈善等，不但利益了社會大眾，也為佛教培養了許多人才。例如，籌設佛光大學和西來大學的慈惠、在世界各國設立寺院的慈莊、慈容，都是當初佛教文化服務處的基本幹部；為我在幼稚園、育幼院帶領小朋友的依來、蕭碧涼等，都成為傑出人才。幫我辦理佛教學院的慈嘉、依空、依恆、依淳、依華、依法、慧開、慧寬等，都是由於佛教事業而接引他們進入佛門；現時在世界各地建寺的依寬、慧禮、慧應、永祥、永全、滿禎、覺穆等，也成為經驗豐富的工程專家；在朝山會館、麻竹園、雲

居樓服務的蕭慧華、黃美華、吳秀月、妙晉等，都因展現了行政管理的才華，而被大眾推選為佛光山宗務委員會的候選人；曾經擔任典座的依恆、依果、永度、永均等多位弟子，現在也住持一方，領眾薰修。在出版事業、編藏及書記室工作多年的慈怡、依晟、永明、永進、永莊、滿光、滿濟、滿果等人，則是推動現代佛教文化發展的功臣。（星雲大師，1999h：267～268）

現在佛光山又多設立一些較現代化或較常跟社會互動的文化事業單位（如佛光衛星電視臺、人間福報社等），更殷切需要這種內在的「凝聚力」。而大家也當看得出來，佛光山不但有能耐在穩定中求發展，還隨時可以突進而另創新機；因為星雲大師的才智以及他所布建經營的人際關係網絡，已經成功的發揮作用且將繼續奔邁騰行！

第五章　佛光山的藏經編纂

第一節　編纂藏經的緣起

　　佛教的慧命所以能傳承不輟，主要是得力於相關教育的成功和佛教典籍的纂集印行；尤其是佛教典籍的纂集印行，使得佛陀法教的慧解利行的經驗，得以跨越時空而繼續存在。這從佛教的起源地到傳播地，都有相當可觀的成績，足以構成人類文明的一大特殊的形式。換句話說，佛教發展到今天，最能顯現它共同成就人類文明的，就是相關典籍的創作、編輯和傳播。佛光山作為一個現代領航的教團，自然也發揮了它在這方面所能有的後續的貢獻，也就是現在所要討論的「藏經編纂」。

　　我們知道，佛光山對於文化事業的重視，早已經星雲大師的慧見提示，所謂「佛教的發展延續，文化事業於其中具有橫遍十方、豎窮三際的影響力，諸如經典結集、翻譯、刊刻、雕像、著述、書畫藝術、科技文學等，均功不可沒」（星雲大師，1995c：487），就是這個意思。而當中有關經典的結集和刊刻，工程最稱浩大持久。如結集方面，自古迄今，就經歷過六次：第一次是在佛陀涅槃三個月後，由阿闍世王護持，五百羅漢齊聚於王舍城外七葉窟中，以大迦葉為上首，誦經誦律，又稱五百結集；第二次是在佛滅一百年左右，跋耆族比丘對戒律提出異議，因此有七百比丘於毗舍離城，以耶舍為上首，又稱七百結集；第三次是在佛滅二百年後，在阿育王

護持下，由一千位比丘會於摩竭陀國華氏城，以目犍連子帝須為上首，他並自撰論事，批駁當時外道種種邪見異說；第四次（也就是大乘的結集）有二：一為佛滅四百年後，在迦膩色迦王護持下，以脅尊者和世友為上首，聚集於迦濕彌羅國（罽賓），所集論文偈頌近千萬言，迦膩色迦王以赤銅為鍱，續寫論文，刻石緘封，建塔收藏；二為佛滅五百年後，迦旃延子在罽賓國召集五百羅漢及五百菩薩，由馬鳴菩薩筆錄，撰《阿毗達摩毗婆沙論》百萬頌（按：錫蘭佛教史記載第四次結集，應為錫蘭國王婆他伽馬尼統治期間，在阿盧迦洞，由羅希多大上座和五百比丘參加）；第五次是在 1871 年，緬甸王敏東召集二千四百位高僧，於首都曼德勒舉行，歷經五月，將結集文字刻於七百二十九塊大理石上；第六次是在 1954 年，於緬甸仰光北郊藝固山岡上舉行，由國家贊助，費時二年完成（同上，577～578）。這不論是為防止佛陀遺教的佚失，還是為樹立教法的權威，或是為光大佛教的義理，都無法抹去它內在動員人力和投注時間心力的累進強夥特徵。又如刊刻方面，近千年來，中國開雕的藏經，版本就多達二十多種。其中有官方護持敕命開雕的藏經，如開寶藏、契丹藏、弘法藏、洪武南藏、北藏、龍藏等；也有僧人為免大法湮沒而發願刊刻的私版藏經，如房山石經、崇寧萬壽藏、思溪圓覺藏、思溪資福藏、磧砂藏、普寧藏、徑山藏等；還有佛教居士勸募刊刻的百衲藏、普慧藏、中華大藏經等。此外，日本所開雕的有天海藏、黃檗藏、弘教藏、卍正藏、卍續藏、日本大藏經、大正藏等；朝鮮高麗王朝開雕的有高麗藏。至於非漢語系統的藏經，則有巴利語藏經、西藏藏經、蒙古藏經、滿洲藏經、日譯南傳大藏經、日本國譯一切經和今日歐美一些國家（如德、法、美等）所譯各種經籍等（同上，489～490）。這不論是為秘為珍寶，還是為擴大流傳，或是為便

利承繼，也都無法掩蓋它外在鳩工剞劂和籌集資金的多費轉難情狀。現在佛光山傾教團本身所能動用的人力、物力和財力，重新編纂藏經並予以電子化，如此不畏艱難和貼近現代人心靈的作為，不啻為佛教典籍的刊刻開創了新的紀元。

　　大家應當會好奇佛光山實際所作的考慮是什麼（而不僅僅是它視藏經編纂為延續發展佛教的重要的一環）？這一點，星雲大師在他的演講中有詳盡的交代。首先，星雲大師肯定「佛法流傳於各地區、各時代、各種族、各國家中，不斷因其變遷，而加以重新結集，其目的無非是要讓亙古今而不變的真理佛法，能夠歷萬劫而長新罷了」（星雲大師，1991：142）。其次，雖然如此，各次所結集的藏經卻因不夠「現代化」而無從普及，尤其是中國佛教的藏經；星雲大師認為「目前，中國佛教的藏經，已經面臨了困難：一因經文種類過多，讀誦研究不易選擇；二因古體文言太深，不易看懂；三因段落標點不清，不易明白。因其過多、太深、不清，而謂因看不懂而不看，則藏經美其名曰供於藏經樓上，實則已形同廢紙，藏經不用來誦讀而用來擺設，則與古董何異？」因此，為了「挽救佛法，重興聖教，不得不發出重新結集三藏的呼籲」（同上，143）。再次，所謂重新結集三藏，是需要別為許下使命的，星雲大師提到「重新結集三藏，並不同於現在大量的影印，既不重視版權，也不尊重前人的辛苦，甚至編纂人、發行者一概取消，所得利益，又不回饋佛教文化，我們對此並不贊同。甚至佛光山重新編印的《佛光大藏經》，雖然重新標點、分段、註釋、題解、索引等，但我們仍不能以此為滿足。我們的理想是把原有的三藏聖典，照佛光版的體例保存發揚以外，我們希望重新結集的三藏，要有更多的突破：（一）現在漢文三藏經典中，內容重複的很多，偽造的經論也有，我們希望能有一

次重整和簡化。（二）密教語系的經典、南傳巴利語系的經典，有些漢文藏經裏所無，我們應該譯出加入。（三）自譯經事業開始以後，譯經者的不同、木刻版的差誤、排印的誤植，致使與原意大有出入的經典，亟須修正。（四）有關佛教新發現的古人資料，現代人的作品，也可審查補入。（五）今人佛教文學的作品、漫畫，攝影的圖片，雕刻、建築的式樣，音樂、梵唄的曲譜，甚至視聽覺的聲音、電腦儲藏的資訊、護教辯難的論文、法會章程的專案……都應該重新結集加入。（六）重新結集好的三藏必須重新分類，最好像現代書籍分類，從義理上歸納，讓閱讀者容易察看。甚至重新結集的三藏，將各種語文的藏經，如巴利文、日文、藏文、英文、華文等總匯成一部總藏經，成為國際共遵的三藏」（同上，143～144）；而它（重新結集三藏）所預懸的目的，就在「讓佛法從山林寺院走上社會學校，從經樓殿堂走進書店機構，從出家僧眾到達在家人士，從排字印刷到達電腦資訊」（同上，144）。可見重新樹立佛法的權威而為現代人所共同遵循，就是佛光山編纂藏經的因緣所在。雖然離上述星雲大師的理想還有一點距離，但它早已跨出了幾大步（詳後），正值得大家前來觀摩汲取。

第二節　編纂藏經的範圍和經過

　　佛光山所編纂的藏經，分為兩大部分：一是佛學工具書，一是三藏經典。前者為研讀後者以及掌握佛教源流的參考書，計有《佛光大辭典》和《佛教史年表》二部；後者為三藏經典的重新結集，計分阿含藏、般若藏、禪藏、淨土藏、法華藏、華嚴藏、唯識藏、

祕密藏、小乘藏、律藏、本緣藏、史傳藏、圖像藏、山誌藏、儀制藏、雜藏等十六類。在規模上，它囊括了現有佛教經典所見的類別，以及所能展延縮結佛教經典的力度（如所編纂的《佛光大辭典》和《佛教史年表》，特別便利於讀者對佛教義理、戒律、儀制和法脈傳承的理解）；而在精神上，它也實踐了星雲大師所念茲在茲的「八宗兼弘」或「大小乘並重」的融合的理念（詳見第三章第一節），具體表現出「無一家之私」或「兼容並蓄」的風格。

　　由於這是一種全新的編纂，工程浩大，所動用的人力、物力、財力，遠非外人所能想像。星雲大師於〈佛光大藏經編修緣起〉中有段話說：「我如來一代時教，自漢時東來中土，歷朝大德，譯著典籍，代有所出。宋元明清各版藏經之蒐集編印，既保存聖言經教，亦提供為學者研究與發揚之據也。然各版所刊，未將三藏分段標點，致令今人望經興嘆，既感佛典深奧，非初學之所能解，且編排古板，雖信學有心，奈苦鑽而不能入。佛光山諸有志者，有鑒於此，乃於民國 66 年（1977 年）成立『佛光大藏經編修委員會』，以星雲主其事，集學者數十人，經年累月，採各版藏經，冀望作文字之校勘、全經之考訂，以及經文之分段、逐句之標點，甚而名相之釋義、經題之解說，並有經後之索引、諸家之專文，吾人本懷，乃期編纂一部現代人人能讀，讀而易解，解而能信，信而易行之佛教聖典，唯其如此，方能助長佛法之延續與流傳也」（佛光山大藏經編修委員會主編，1983：星雲大師序 1～2）。所謂「集學者數十人」，還只是參與審訂、散備諮詢而已，內部實際投入工作的人數比那些更多。這從星雲大師的另文中的一段話，可以獲知一二：「『佛光大藏經編修委員會』以比丘尼慈莊、慈惠、慈容、慈怡、慈嘉、依嚴、依空、依淳、達和等為編修委員，將歷代藏經重新整理、分段、標點、考

訂、註釋，共分十六類別。編修委員會初由慈怡主編，中有二十餘人工作，經十餘年時間，完成《阿含藏》十六冊，雲以人生苦短，歲月難再，今已將其外十五類交由佛光山佛教學院出身之兩百餘人分組進行編訂，望能增加時效也」（佛光大辭典編修委員會主編，1995：星雲大師序 1）。而目前確定完成了《阿含藏》、《般若藏》、《禪藏》、《淨土藏》等，共 143 冊，所費不貲；至於實際參與編纂的人，來來去去，已經無法細數（覺泰法師受訪時表示）。

跟《佛光大藏經》大約同時編纂的《佛光大辭典》和《佛教史年表》，已分別於 1988 年和 1986 年完稿付梓。前者耗資千百萬，前後動用數十名人力，其中有「參與主編之慈怡法師等二十餘人，大都為中國佛教研究院之員生，更佐以各大專院校佛哲文史學者、信女人李素芳等三十餘人，程兆熊、戈本捷、楊郁文、徐景文等居士亦參與審核、校稿」，而「彼等固要精通三藏教義，更需善於梵巴英日語文，埋首書案，不分晨昏，無時不在縱橫古今，無時不在馳騁中外，彼等雖不能說後無來者，但確可說無讓前賢矣」（同上，星雲大師序 2）；後者雖然不見相關的數字統計，但從星雲大師的敘述中，也可以想見編纂過程非比尋常：「我國古代，早在隋代費長房編著《歷代三寶紀》時，除纂輯譯經目錄外，又別行集錄印度之史實編年，此乃佛教編年史之嚆矢。其後有宋代祖琇之《佛教編年通論》，志磐之《佛祖統紀》、《法運通塞志》，元代念常之《佛祖歷代通載》、覺岸之《釋氏稽古略》，明代幻輪之《續釋氏稽古略》等。此等類書，於佛教記事之編年整理成果，不可謂不豐碩矣。然就現代佛教發展之趨勢而言，則歷代之編年、記事，因受地域、時間之侷囿，已無法窺知佛教之全貌；又因舊稿之編排方式未能系統表格化，不易於查索、對照。佛光山有鑒於此，數年前即著手廣蒐資料，鳩集人力，

編纂此一《佛教史年表》，期能對有意鑽研佛學者有所助益」（慈怡法師主編，1987：星雲大師序 1），顯然這不會是一件輕鬆而不費時的工作。而由於有《佛教史年表》的編纂，使得藏經現代化的「布局」得以完成，所謂「研習佛學，除了參考各種原始經典、專門論著，以及各種辭典之，『年表』亦為不可或缺之工具書，其中尤以『佛教史年表』更為綜觀整個佛教發展之大勢、掌握各國教史之脈絡，最為方便捷疾之寶鑰。故近世以來，國際佛教學界莫不以年表之編纂為推展佛教學術之先決，而佛學研究者亦莫不以『佛教史年表』一書在握，為其鑽研之利器」（同上，星雲大師序 1），的確是實在話，可見星雲大師的遠見和用心！

現在藏經的編纂，更邁向電腦化；其中《佛光大辭典》的光碟片已於 1997 年發行，而《佛光大藏經》的光碟片正在計劃製作中。後者是美國加州大學柏克萊分校的合作案：據星雲大師 1989 年 8 月 12 日的日記記載，美國加州大學柏克萊分校所主持的大藏經電腦碟片輸入工作，中文方面則委由佛光山負責（其他的，如巴利文由泰國負責，藏文由印尼負責、梵文由日本負責）；而《佛光大藏經》也已有熱心人士在做英文版的製作（星雲大師，1989：30）。這跟星雲大師要將「各種語文的藏經，如巴利文、日文、藏文、英文、華文等總匯成一部總藏經，成為國際共遵的三藏」（詳見前節）的想法「不謀而合」；倘若真的合作成功，那麼彼此所省下（獨力完成）的力氣，可以用來做更多造福人類的事，實是美事一椿！

佛光山上上下下為這一切所作的努力，還有得「勞煩」覺泰法師受訪時所說的「我們抱著虔敬的心，希望做得最好，來供養所有要研究的人」一句話作結。試問整個藏經編纂的背後如果少了一股「虔敬的心」，會做得如完美嗎？大概不會。這是旁人看不見，卻又

是最真實的存在。如今我們終於知道「虔敬」才是佛光山編纂藏經的過程（其他的都是餘事）。而這恐怕也是別人所缺乏而盡留予佛光人獨挑大樑的關鍵所在吧！

第三節　所編纂藏經的特色

　　《佛光大藏經》的工程雖然還在進行中，但已可以看出它跟先前的藏經相比有許多不同的地方：首先，它所選輯的佛典有精簡化和通俗化的趨向，一方面顯示「披沙揀金」的立場；一方面又照顧到「一般讀者」的需求。這被認為「正是日本《國譯一切經》自《大正藏》（《大正新修大藏經》）之後另行發展的藏經新方向，與《大正藏》之注重學術性、同本異譯或抄譯都大量入藏……等特質顯然不同」（藍吉富，1997：4）。其次，它的編輯方向特重版面的革新，有校勘、考訂、分段、標點、解題、（重要名相的）釋義等等。這跟傳統國學著作的現代化更新（屈萬里，1984；毛子水，1986；余培林，1987；高明，1984；邱燮友，1987；謝冰瑩等，1988）有著同步的發展，同時也為教界起著帶頭示範的作用（現存的《大正新修大藏經》、《中華大藏經》等有校勘而無其他；《文殊大藏經》有解題、分段、標點和簡單的註釋，但相關的配件並不完備且僅出三十餘冊就告中止，都難以跟《佛光大藏經》匹敵）。再次，它在經後還附有索引和諸家專文。方便讀者檢索和參照，也遠非其他藏經所能相比擬。星雲大師所說的「吾人本懷，乃期編纂一部現代人人能讀，讀而易解，解而能信，信而易行之佛教聖典」（詳見前節），已經不是「徒託空言」，而是「信而有徵」了。

　　至於《佛光大辭典》和《佛教史年表》，則更見功力。《佛光大藏經》的編纂範圍廣泛，在類別上，舉凡佛教術語、人名、地名、書名、寺院、宗派、器物、儀軌、古則公案、文學、藝術、歷史變革等，無不在蒐集行列；而在地域上，則收錄印度、中國（包括西藏和蒙古）、韓國、日本、錫蘭、東南亞各國和歐美等地有關佛教研究或活動的資料，乃至其他各大宗教發展、社會現象等。此外，還大量蒐集近百年來的佛教重要事件、國內外知名佛學學者、具有代表性的論著學說以及佛教界重要人物、寺院道場等，「一者表示全佛教之一切活動並未停頓於百年以前之風貌，再者亦可彰顯當代佛教、佛學所具有之薪盡火傳、承先啟後之積極意義」（佛光大辭典編修委員會主編，1995：凡例 3）。所參考的資料，包括「各類佛教辭典，一般性質者如丁福保之《佛教大辭典》、何子培之《實用佛學辭典》、日本望月信亨之《佛教大辭典》、龍谷大學之《佛教大辭彙》、中村・元之《佛教語大辭典》《新佛教辭典》、橫超慧日之《佛教學辭典》《總合佛教大辭典》等數十種；專門性質者如朱芾煌之《法相辭典》、日本松永昇道之《密教大辭典》、駒澤大學之《禪學大辭典》、水野弘元之《佛典解題事典》、小野玄妙之《佛書解說大辭典》等數十種。又依準各版本藏經、佛教史年表，以及近數十年來海內外所刊行之各大佛教（佛學）雜誌、學報、各類佛教專題論著，以及一般性質之各種百科全書、史地辭書、期刊等，共計數百種」（同上：凡例 3～4），也可說「鉅細靡遺」而極盡總括籠罩的能事了。至於所收二萬二千六百零八條辭目，為現在中文佛教辭典之冠，而且全書七百多萬字，解說深入淺出，更搭配相關圖片以補文字詮釋的不足，以及為便於讀者查閱而另備有「中文總目索引」、「羅馬拼音索引」二種（中文總目索引之前，更編有中文筆劃、四角號碼、國語

注音、威氏音標等四種通檢檢字），已經戛戛乎淵泉深造了；更難得的是，「本辭典內文中，凡一事一物，均載明經典出處；凡古今人物，均在蒐羅編列之內。引證之廣，涉獵百千經論；解說論議，容攝諸家言詞。可以說本辭典已等於現代人之一部佛教百科全書」（同上，星雲大師序 2）。而《佛教史年表》的編纂，「除參考歷代佛教之編年史書外，並參考望月《佛光大辭典》所附之年表、山崎宏之《佛教史年表》、《中國佛教史辭典》、《日本佛教辭典》、《日本史辭典》、《世界年表》、《アジア歷史事典》、《東方年表》、《韓國佛教史》所附之年表，以及二十五史、各種佛教雜誌、期刊等資料」（慈怡法師主編，1987：星雲大師序 1），可知也是廣採羣書而足以取信於通人了。而該書所收載內容，「以佛教記事為中心，並蒐集各國政治、社會、文化、思想等與佛教之發展演變具有影響作用之大事；他如儒家、道教、基督教、天主教等，有關其他宗教、哲學之形成、發展等事例，亦備載焉」；所摘錄記事，「在時間上，自西元前三千年至西元 1986 年之今日止；在空間上，包括南北傳之佛教系統，如印度、錫蘭、緬甸、泰國、高棉、寮國、西藏、蒙古、中國、韓國、日本等，以又歐美各佛教發展地區」（同上，星雲大師序 2），更見規模宏闊而特能供人博識參鏡。

現在已經電腦化的《佛光大辭典》，不但是全世界第一片中文現代佛學辭典光碟片（蔡澤興，2000），為教界樹立了良好的楷模；而且查詢方便，包括「名相查詢」（依關鍵字位置可分開頭、內含、結尾）、「全文檢索」和「中梵巴文查詢」等，幾乎是應有盡有；同時還提供複製、貼上、列印等文書編輯功能，可說是十分現代化的製作，不啻締造了一座「全方位服務」的電子辭典的里程碑。先前《佛光大辭典》已榮獲教育部「中華民國 78 年圖書綜合類金鼎獎」（1990

年 1 月 11 日頒發），深受外界的肯定；現在又發行光碟片，強化它的便利使用功能，佛光山的努力終於有了代價，而名聲也將永垂不朽。

第四節　所編纂藏經的流通情況

佛光山所編纂完成的藏經，已經廣獲學者的好評，如「（《佛光大藏經》）全新分段標點，版面美觀，頗便於閱讀」（藍吉富，1997：56）、「（《佛光大藏經》的精校）找不到一個錯別字」（覺泰法師受訪時轉述龔鵬程校長參與審訂時所說）、「以國家（指中國大陸的）力量支持相同的工作，尚且沒有辦法像《佛光大藏經》這樣標點，而佛光山（以一個教團的力量）卻能做到，實在不簡單」（覺泰法師受訪時轉述大陸學者所說）、「（《佛光大藏經》所附索引）真了不起，怎麼有辦法做到這樣子！應該去申請專利。在大陸也曾編過辭典，就做不到這個地步」（同上）、「（《佛光大藏經》的考訂、解題、釋義等）這對學者的研究來說，一定有高度的參考價值」（同上）、「《佛光大辭典》、《佛光大藏經》編得很精細、紮實，肯定有流傳的價值」（我的朋友丁敏教授在座談中表示）、「這些經藏、年表、辭典的推出，對於佛學的研究和推廣，貢獻著實不小」（康樂等，1995：136）等；或看重它的編製方式，或鑑賞它的巧思布局，或玩味它的識見孤詣，無不表盡了對佛光山所編纂這些曠世鉅著的讚美！因此，在學術界它可說是已經「流通無礙」了。

作為背後最大的推手：星雲大師，其實是不會去申請什麼專利的（如果有的話），他所想的都是如何讓信眾讀者受益而法喜充滿，所謂「得過金鼎將，耗資一千餘萬元，費時十餘年，動員數十位佛

教學者編纂出版的《佛光大辭典》，本著促進兩岸佛教文化交流的信念，我慨然將它無條件給中國佛教協會在中國大陸境內發行，希望大家都能得到法喜充滿的人生」（星雲大師，1999d：135）、「我不但在支出上秉持『以智慧來代替金錢』的作風，在收入方面，我也從大眾『智慧』上著眼，而非用金錢來計算盈虧。像《佛光大辭典》一套成本要新臺幣七千元，但我以每四千元出售，結果前來購買者趨之若鶩；《中國佛教經典寶藏》一套成本要新臺幣一萬一千元，我半價出售，立刻增加五千套的銷路，既減少了倉儲費用，也讓更多人共享佛教的『智慧』。我一直覺得自己只是為了弘道，豈是一般的圖利者？但想當初我提出這個建議時，多少徒眾都不以為然哩」（星雲大師，1999b：172～173），不就是明證嗎？而這種「讓更多的人共享佛教的智慧」，實際上也就是「讓更多的人共享佛光人的智慧」。佛光山所編纂的藏經能夠流通，佛光人的智慧是最重要的催化劑，它終將留存在人們的心田中，成為一段不易拭去的記憶。

　　至於這些藏經究竟推廣到什麼程度（或實際上有多少人在接受人研讀），那就沒有辦法知道了。佛光山有自己的發行網、書局、圖書館，海內外各道場也設有流通處，信眾讀者來來往往，接觸或購買的機率一定不低；何況還有為廣結善緣而慷慨贈閱的呢！後面這一部分，以 1995 年到 1997 年間為例，就有下列多筆：「星雲大師將一百四十七套《佛光大辭典‧禪藏》，委請教育部部長郭為藩轉贈給臺灣各大專院校圖書館收藏」（1995 年 3 月 9 日）、「星雲大師在佛光山臺北道場舉行《禪藏》贈書儀式，國內三家電視臺及聯合報、中央日報、臺灣日報、中華日報等十一家國內報紙媒體受贈」（1995 年 3 月 29 日）、「耶魯大學宗教學權威 Weinstein 教授蒞山，本山致贈《禪藏》一套」（1995 年 6 月 27 日）、「佛光山文教基金會在佛光

山臺北道場舉行《佛光大藏經》贈書典禮，將四十六套《禪藏》贈予全國各地四十六家公私立圖書館、宗教圖書館及文化中心」（1995年7月6日）、「大陸西南五省社會科學院院長何耀華、平措次仁、劉茂才等一行五人，在佛光大學張亞中教授陪同下，來山參訪。本山致贈雲南社會科學院《佛光大辭典》一套」（1995年10月14日）、「心定和尚於韓國漢城良才洞九龍寺，舉行《禪藏》贈書活動。韓國通度寺、海印寺、松廣寺及修德寺，七所圖書館、兩家文化研究院，雲門寺僧伽大學、三家寺院及六家媒體新聞社等二十三個單位受贈」（1995年10月22日）、「臺大、清華、中山、輔仁、淡江等二十所大專院校佛學社團，前來臺北道場拜會星雲大師，大師親贈《禪藏》共二十套」（1995年11月4日）、「佛光山美國西來寺與西來大學主辦的《禪藏》的贈書典禮，假西來寺的法堂舉行，星雲應邀主持，贈予美國二十七所著名大學以及十位美國佛教學者」（1996年3月2日）、「依益法師應邀前往位於英格蘭中部的里茲大學東亞系，以英語演講中國佛教的發展近況，並致贈《禪藏》一套予該大學」（1996年4月23日）、「西藏精神領袖達賴喇嘛首度應邀來臺訪問，第一站抵達佛光山拜會，宗長心定和尚與達賴喇嘛在大雄寶殿內共同帶領全山僧俗大眾五千人，分別以中文及藏文誦經祈福，並在大會堂說法開示，本山敬贈《禪藏》一部及《佛光山》紀念影片」（1997年3月22日）（佛光山宗務委員會編，1997a：784～816）。這無疑的提高了佛光山所編纂藏經的流通率，同時也為信眾讀者「廣開」親炙佛教的方便之路，對於佛教的傳播貢獻厥偉。

當今佛教界為了提升佛教典籍的交流和應用，也開始利用網路這一新興媒體（不只製作電子藏經而已），提供佛教典籍全文檢索及下載功能，使用便捷而快速，可以節省許多原典翻檢蒐尋的時間，

而它們（如臺灣的「中華電子佛典協會 CBETA」、「電子佛教藏經閣」、「佛教電腦資訊庫功德會」、「梵網」，大陸的「中華佛典寶庫」，日本的「大正新修大藏經原典資料庫」，韓國的「高麗藏的圖文資料庫」，泰國的「巴利藏」，西藏的「藏文佛典」等）幾乎都秉持「研發佛典電子化技術，提升佛典交流與應用，利用電子媒體之特性，以利佛典保存與流通，期望讓任何想要閱藏的人都有機會如願以償」的宗旨，免費提供線上閱讀經典（蔡澤興，2000）。佛光山已經設有全球資訊網，將來如果也能克服種種困難而將所編纂藏經上網，一定可以再度提高弘揚佛法的效果。而這對佛教界和對佛光山來說，都是一件無量功德的事。

第六章　佛光山的佛學出版

第一節　出版單位

　　以文化弘揚佛法既然是佛光山的四大宗旨之一（詳見第三章第一節），那麼它所能用來達到這個目的的方法，也就不能缺乏。其中出版佛學作品，最稱大宗且具有恆久的影響力。星雲大師曾經形容它為永恆的慈悲或寂寞的慈悲（相對於慈善福利事業或講經弘法所顯現的那種一時的慈悲或熱鬧的慈悲來說）（佛光山宗務委員會編，1997b：41）；「寂寞」云云是謙稱，「永恆」云云是事實。而從整體來看，佛光山已經不再走傳統沒有多大效果的印贈「善書」的老路（以善書方式而印贈佛書的情況，參見釋聖嚴，1993e：132～136），而改採企業化、專業化、公司化的出版方式，有計劃的以編譯、編輯、新製等方法，出版叢書、全集、選集等大部頭或大數量的佛書。這一方面是凜於印刷和傳播科技的進步而必須作這樣的調整；一方面則是為因應現代弘法的進程和讀者的需求而想出的對策。因此，與其再模仿前賢重印或翻印佛經而因艱難被人棄置，不如重新編製語體的佛書或方便現代人研讀的佛經要來得有意義且能吸引人。而這也就是人間佛教在助人自我渡化上所不可缺少的一種作法。

　　其實，佛光山的佛學出版並不限於「書籍」，它還包括「雜誌」、「報紙」、「錄音帶」、「錄影帶」、「光碟」等等。換句話說，它的出版策略是全方位的，而它的出版種類也是應有盡有的。這當中有關

出版單位，就成了優先要交代的對象（才能順利的論述下去）。底下就依書籍出版、雜誌出版、報紙出版、錄音帶（含唱片）和錄影帶及光碟出版次序，約略一探相關的職事單位。

首先，負責書籍出版的有佛光出版社、佛光文化公司、香海文化公司等。1959 年 8 月，星雲大師於臺北三重設立「佛教文化服務處」，主要工作是整理、翻譯經論及出版、流通佛書；1964 年，遷到高雄市中山一路；1967 年 8 月，佛光山開山後移回本山，並更名為「佛光出版社」。1994 年，為因應傳播環境的變遷，增設「佛光文化公司」，設址於松山臺北道場；1998 年 5 月，三重佛光緣文化廣場落成啟用，再度遷移迄今（佛光山宗務委員會編，1987：198；1997a：255；1999：318）。以上兩個出版單位（後期重心轉移到佛光文化公司），在編輯上，運用中國圖書分類法，有系統、有計劃地出版跟佛教有關的各類圖書和視聽法物（後者併下談），依經典、概論、史傳、教理、文選、儀制、用世、藝文、童話漫畫、工具、法器大物、外文、有聲等十三類而出版，總名為「佛光叢書」。每個月除了固定出版三、四種新書，還出版小叢書、再版書，並將這些佛教文化產品，流通到廣大的社會羣眾中。同時為了吸引更廣大民眾的注意力，還配合新書的發行，舉辦新書發表記者會、講座活動、座談會、贈書活動等；這些活動受到媒體及民眾熱烈的回響。1998 年 9 月，更增設佛光文化網站，除了加強原有圖書目錄的服務，以及提供更有效率、更精緻的功能，還陸續開闢跟讀者互動的單元，期待讀者的熱心上網參與，充實這個佛友園地的生命，也在自己的菩提心苑中植滿歡欣和喜悅（佛光山宗務委員會編，1997a：256；佛光文化公司編，1999：4～5）。至於香海文化公司，則成立於 1997 年 8 月，是一個兼顧世間學和佛學的文化事業公司。現今

設址在松山臺北道場，主要經營項目為有聲出版品的發行（併下談），以及一般圖書、文化禮品的製作銷售（佛光山宗務委員會編，1999：327）。

其次，負責雜誌出版的有覺世月刊社、普門雜誌社等。《覺世》月刊，原為旬刊（1995 年起才改為月刊），於 1957 年 4 月 1 日由張少齊居士創刊，當時發行人是張若虛居士，星雲大師擔任總編輯，從徵稿、改稿、寫稿、編排、校對，直到發行，都由他一人負責。後因南北行腳，諸多不便，於是辭去總編輯，改任督印人。《覺世》的編務，後來在成一法師、青松法師、滿霽長者的相繼主持下，出版了一百八十期。1962 年 5 月，因張少齊、張若虛居士的割愛，將《覺世》連發行人都讓給了星雲大師。這時《覺世》社址也從臺北三重大同南路而信義西街，而南遷高雄市中山一路而高雄壽山寺而佛光山，最後又北遷到三重佛光緣文化廣場（佛光山宗務委員會編，1987：202；1999：318）。它代表佛光山傳播各項法會、活動給每一位信徒，也是佛光山和信徒間溝通的橋樑；導引信徒在生活上如何修持，以及協助解決信徒所遭遇的各種問題。至於《普門》雜誌，則是 1979 年 10 月星雲大師以「提倡人生（人間）佛教，建立人間（佛光）淨土」為宗旨所創辦的佛教第一本綜合性刊物。社址經數度遷移（從佛光山而臺北內湖佛寶寺而基隆極樂寺而松山臺北道場），最後一併遷入三重佛光緣文化廣場（佛光山宗務委員會編，1997a：266～267；1999：318）。

再次，負責報紙出版的有人間福報社。據佛光山的法師描述，星雲大師一生有幾個大的願望，包括把佛法弘揚於五大洲、把中斷千年的比丘尼戒再傳回印度、設立大學、開辦電視臺和報紙弘法等等；這些願望到了《人間福報》創刊後，可說已經全部實現（《人間

福報》試刊號，2000.1.25，第 1 版）。《人間福報》有兩次試刊號（分別於 2000 年 1 月 25 日及 2 月 17 日），而於 2004 年 4 月 1 日正式發行。據知在籌劃創立《人間福報》期間，有許多人向佛光山建議：不必為辦一份報紙而花錢蓋印刷工廠、購買印刷機等等，那些都可以尋求跟外界合作。恰巧有一些報社聽到星雲大師要辦報紙，爭先主動連絡，表示願意提供協助；最後聯合報社基於創辦人王惕吾身前跟星雲大師的交情，而他的子嗣也感念佛光山為王惕吾葬禮所辦理的誦經法會，彼此很快就談妥了合作事宜，使整個籌備作業進行得相當順利。因此，報社正式的人員編制並不多，以各報社動輒數百人的編輯部而言，《人間福報》的編輯部，連同主管在內，所招募的人員不過十幾人，「其規模幾乎比不上普通市坊上的雜誌社；不過，《聯合報》卻提供其報系新聞供其選取、使用，再由《人間福報》人員改寫成符合《人間福報》人性溫馨關懷面的新聞，或由記者實地採訪一些坊間報系不常用的人性光輝的報導。另外，在印刷過程中，《聯合報》雖為《人間福報》的委託印製廠商，但卻僅向《人間福報》收取工本費。來自各界種種的支援，使得《人間福報》能以最少的成本，達到辦報弘法的目的」（曾國仁，2000）。

再次，負責錄音帶（含唱片）、錄影帶和光碟出版的有佛光山視聽中心、香海文化公司、如是我聞文化公司、佛光山文教基金會等。佛光視聽中心於 1988 年成立，主要是「為使人間佛教能深入社會各階層，普及每個家庭，使人人均能享受佛法甘露，精神得到寄託」；因此，它「自行設備機器，製作錄音帶、錄影帶、電臺廣播劇等等，透過音聲、影視之傳達，以促進社會人心之淨化，提升生活之品質，使佛法真正臻於普遍化、大眾化」（佛光山宗務委員會編，1997a：268）。香海文化公司和如是我聞文化公司，都成立於 1997 年，所出

版有聲書各有所重：前者，為使佛法普為社會大眾接受及廣為流傳五大洲，「首重品質及創意，不僅提供各種精緻的白話佛學經典、現代化的佛教梵唄音樂，及各類的出版品，並將佛光衛星電視臺的精華節目製成各式影帶，同時也代理馬來西亞、新加坡佛光緣道場，以及如是我聞文化股份有限公司所出版的佛教梵唄經典、佛曲等產品的行銷」（佛光山宗務委員會編，1999：327）；後者，在取名上，是因「佛陀入滅之際，曾對多聞第一的阿難尊者囑咐，經藏之卷首必須冠以『如是我聞』，以區別外道典籍。公司以『如是我聞』定名，就是希望以阿難尊者流傳正法的使命，作為精神指標」，而在宗旨上，則是秉承星雲大師「佛教梵唄不再只是寺院和僧團所專有」的心願，「以傳播製作淨化心靈的音樂，改善整體大環境為努力方向」（同上，326）。可見如是我聞文化公司相關的出版重點在佛教的梵唄音樂（以製作錄音帶、CD 片為主），而香海文化公司相關的出版重點在弘法的影帶（包括 VCD、DVD 片），其餘的多為代銷（前述佛光出版社和佛光文化公司也出版有聲書，其實是佛光山視聽中心製作而它們發行，並不是自己別為出版）。至於佛光山文教基金會，則專門負責電腦大藏經的製作（所完成的光碟片，仍由佛光出版社和佛光文化公司發行），前面已經提過（詳見第四章第五節），就不再多說了。

　　佛光山轄下負責佛學出版單位的分工情況，大致如上所述。它們都全力的參與社會的脈動，也勇敢的在迎接社會的考驗（該考驗不論是肯定它們的存在價值，還是兼為提供它們強辦圓事的方案，或是借箸代籌而給它們別作靜言）；而佛法的弘傳，就在它們積極的推動下，日見成效。

第二節　專屬刊物的創刊發行

接著所要探討的是各職事單位實際出版佛學作品的情況。本節依便先談刊物的部分。佛光山所專屬對外的刊物（不論是針對信徒或一般大眾而發行），依創刊先後次序有《覺世》月刊、《普門》雜誌和《人間福報》。它們雖然也含有世間學的成分，但整體上還是以佛學為主。因此，不妨逕稱它們為佛學作品。只是它們的形態有別於一般書籍和有聲書，這裏才姑且分開來討論。

1962 年 5 月，星雲大師從創辦人張少齊、張若虛居士手中接辦《覺世》後，《覺世》開始邁向另一個新的里程。首先，《覺世》以一紙四版、四開的報紙形態發行，每月出刊三次。1977 年起，每月初增編十六開的雜誌版，每月下旬（21 日）發行四開型報紙。兩年後，雜誌改版為《普門》月刊，《覺世》又恢復每旬一張。其次，1986年，《覺世》又作了一次歷史性的改革，將讀者對象歸納為佛光山信徒、功德主，採贈閱方式，每月三期，逢一出版；內容以傳遞佛光山一切訊息活動為主，作為僧團和全世界信徒間的溝通橋樑；而為了讓讀者攜帶方便，並將《覺世》改為三十二開袖珍本，至此發行量由原本的一萬五千份激增為四萬多份。再次，由於讀者的熱烈回響，《覺世》從 1995 年 2 月起，改以月刊形態出現，採十六開本；不僅全本彩色（按：1998 年 2 月起，為節省成本，才改為二臺黑白印刷、三臺彩色印刷），電腦排版，還增加版面到八十八頁（按：1998年 2 月起，改為八十四頁）；除了有「星雲說喻」、「覺世專輯」、「覺世新聞」、「佛光大學」、「西來大學」、「人物篇——臺灣古德讚頌」等中文單元外，「國際佛教」以英文刊登，「佛光童話」有中英文對照。1996 年以後，《覺世》發行量已達四十萬份，可說是臺灣唯一

一本歷四十幾年而不衰的佛教雜誌（佛光山宗務委員會編，1997a：
254～255；1999：284～295）。2000 年 4 月 1 日《人間福報》創刊，
《覺世》併入而終止發行，改由《人間福報》延續其出刊理想而再
為大眾傳播法音。

　　《普門》雜誌（月刊），則是為達「普遍化、大眾化、生活化、
文藝化、趣味化、國際化」等理想目標而於 1979 年創辦的（見前）。
雜誌名稱「普門」，取觀音菩薩普門示現而廣渡眾生之意，旨在「為
一切有情眾生的依怙，將佛法帶入生活，使人間成為淨土」（佛光山
宗務委員會編，1997a：266；1987：207）。二十年來，《普門》在創
刊人星雲大師及歷屆主編苦心孤詣的努力經營下，經過數度的改版
和內容的充實，早已廣受社會各界的重視和肯定，發行網遍及全球。
2000 年起，更增加馬來西亞的新版（馬新版以簡體版推出，結合臺
灣和馬來西亞的資源，並由馬來西亞當地策劃編輯，增加馬國地區
有關的資訊，為「國際化」別為邁開一大步伐）。對於這份刊物，學
者比較會看中它的企劃能力和包容性格，如「（《普門》）能以專輯製
作的方式，深入淺出地傳達佛學理念，尤其難能可貴的是不吝刊載
其他宗派道場的活動訊息，讓佛教徒較能對教界的動態有所了解，
相信這也是其廣受海內外讀者歡迎的重要因素吧」（康樂等，1995：
137）；至於一般讀者，那就各有所好了，且以《普門》第 246 期（2000
年 3 月）及第 249 期（2000 年 6 月）中〈普門橋〉所刊的讀者投書
各二則為例：「一年來，每年拜讀貴社贈刊，無不法喜充滿，受益
良多，透過貴刊看到了臺灣佛法的昌隆、活潑、入世。弘法事業生
氣勃勃，甚值得我等學習，希望今後還能夠有福報拜讀到貴刊」（九
華山祇園禪寺首座釋月照）、「我無意間在圖書館看到《普門》雜誌，
即對貴社的刊物留下了深刻的印象。一般佛教性的刊物，大部分都

留在佛教事物性活動報導上，而較缺乏生活化與知識性的佛教文章，《普門》便成了我追求佛法上的另一項資糧」（臺東魏中承）、「我是澳洲南天寺的信徒，拜讀《普門》248 期〈全球寺院巡禮〉，真是與有榮焉，深感榮幸與驕傲。在此地僑居二十餘年，最讓我憂心的是信仰與文化的傳承，尤其是個人虔信佛教，也希望下一代能薰習到佛法和中華文化，但個人能力有限，需要有更多人來參與」（澳洲修緣）、「改版後的《普門》，我非常的喜歡，尤其是封底『自然與生命』，徐仁修老師的攝影作品和精練的文字，常令我感動……我在欣賞他的攝影作品時，幾乎不需藉由文字的贅述，便能直接感受到其鏡頭下大自然所散發的生命力」（宜蘭心苑），可見《普門》正如其名，確是展現了「普門示現而廣渡眾生」的菩薩情懷，精心編輯，應機接引，而成就了以文字弘法的一個新的標竿。如今《人間福報》創刊了，《普門》所負載的功能可以轉移而「即時」的予以發揮，以至內部已經傳出《普門》將要轉型為學術刊物的消息。喜愛《普門》的人，無妨轉向《人間福報》，再去尋得滿足，感受法益。

　　至於《人間福報》，一創刊就打響了名號，不但社會各界賀聲連連，有些報紙、雜誌還大篇幅的為它報導、作專輯。大家對於它「以推動社會祥和、淨化人心為職志」和「以關懷人類福祉、追求世界和平為宗旨」（《人間福報》試刊號，2000.1.25，第 1 版），都給予高度的肯定。而它在發刊詞中所強調「人間有福報，福報滿人間」的發行目的及其所含「《人間福報》是代表淨化美的社會」、「《人間福報》是代表智仁勇的人生」、「《人間福報》是代表慈心橋的聯繫」、「《人間福報》是代表因緣果的報導」等意義，也不啻將給人們帶來希望以及為社會注入清流。星雲大師在接受媒體專訪時表示，他是在辦一份異類的報紙，「他說明一般的新聞媒體都是將昨日的事情變成今

日的新聞，而他卻想將往昔、甚或幾百年前的靜態事情變成明日的動態新聞。讓讀者閱報後還可留下來，餘音嫋嫋。譬如，廣州南華寺供奉六祖大師的不壞之身，已經不是新聞了。但是今天若是佛光山要接迎六祖大師的金身來臺供大眾瞻仰，那麼就要成為新聞了」；還有「別家新聞的第一版通常是『要聞』，而《人間福報》卻是『奇人異事』。美國六歲天才孩童上博士班，可以登頭版；貴州百歲伉儷牽手八十五年，也可以上頭條……《人間福報》排除砍殺淫虐的負面新聞，走的是一條『異類的、知性的、生活性的、溫馨的』路線。不過，因果報應的時刻，譬如壞人被抓，《人間福報》卻會刊登，也就是一般媒體感興趣的是事件的『因』，而《人間福報》重視的卻是『果』」（楊錦郁，2000）。對於這份異類的報紙（目前在版面的規劃方面，約略是：頭版為重要新聞，二版為新聞集錦，三版為寰宇人事，四版為宗務文化，五版為書香味，六版為人間論壇，七版為青春天地，八版為都會女性，九版為生活萬象，十版為人間福報佛學院，十一版為覺世副刊，十二版為廣告。遇週日，十一版則改為週日藝聞），看過的人，有感念，有喝采，也有期待，如「在一個偶然的機緣裏，我發現了《人間福報》，也驚訝的發覺我們內埔人真的很有福報，內埔佛光緣，不但讓我有共修的機會，更讓我家兩個孩子有機會上兒童班去認識佛理和善知識。我知足、感恩，身為一個佛教徒，我想更該把佛的旨意、佛的思想、佛的慈悲，傳達給更多人。每天福報中的『茶根譚』、『迷悟之間』（專欄），是我最喜愛的部分。《人間福報》是一份全家都適合的報紙，是一份可以啟發善知識的源頭報，是一份充滿慈悲心、喜悅心、感恩心的福報。它讓我可以得知天下事，它讓我可以有光明的一面，更重要的它讓我們人間有了希望」（鍾芹芳投書，《人間福報》，2000.5.7，第 6 版）、「最近從

友人處喜獲《人間福報》，興奮得久久不能自已。三大頁的報紙我足足花了三個小時才將之看完，除了仔細閱讀每一則新聞報導、寫作專欄、時事論壇、生活小品、活動預告之外，連每一頁的廣告我都覺得是那樣的津津有味，清新宜人。我不禁為佛光山能創辦如此高水準的報刊而一再歡喜喝采。本人目前居住北京，在大學念書，非常渴望學習佛法，了解佛教最新動態，因此冒昧寫信，則能訂閱貴報，希望不久的將來《人間福報》也能發行至大陸地區，讓人間佛教的思想在十二億人口的中國大陸早日得到具體的落實與體現」（屠穎投書，《人間福報》試刊號②，2000.2.17，第11版）、「《新聞鏡》過去曾經報導，美國一位有心之士創辦專門報導光明面的報紙，但那是周刊，而且不久即無下文。現在我們也有專以推動社會祥和、淨化人心為職志的《人間福報》的誕生，以佛光山的信眾之多、星雲大師的聲望之隆，我們相信眾志成城，一定可以辦得比美國人更好更有水準，達成大師『人間有福報，福報滿人間』的宏願」（金玉振，2000）。現在《人間福報》已經發行美洲版，相信類似的反應，一定會繼續增加，而真正落實它的「本土化、國際化、人間化、生活化的性格」，以及「關照地球永續經營與宇宙無窮慧命」（《人間福報》試刊號，2000.1.25，第1版）。當然，作為佛教所辦的一份日報，教團本身的人力、物力和財力是否足以支持它「天天出刊」，以及所強調的「佛教報紙」又是否有高密度的佛法可供人領受（而不是在綜合「新聞性」上跟一般報紙競爭而「自暴其短」）等，也會成為外界在讚賞它的志業之餘所特別關心的。一些佛教界的朋友在座談中，多少都會為上述問題發出諍言。前者（指能否天天出刊一事），從我造訪人間福報社的過程中，所感受到的是佛光山上下都很積極也信心十足的「要把它辦下去」，因為《人間福報》將與國內外重

要媒體合作、交流資訊，而佛光山與國際佛光會在世界各地的道場、別分院、分會義工與二百萬的信徒會員，都是《人間福報》的『特約記者』。此外，《人間福報》還敦聘世界各地文豪、專家與學者，針對時事，每天發表針砭，臧否月旦，為讀者開啟觀察社會脈動的另一扇窗戶」（《人間福報》試刊號，2000.1.25，第一版）而不乏相關的條件因緣；至於後者（指佛法密度是否足夠或有否凸顯佛教報紙的特色），顯然是一個見仁見智的問題，容許有「超額」的期待，佛光山應當也會多聽諍言，「有則改之，無則加勉」，繼續朝文字弘法的路途邁進。

第三節　佛教典籍的現代化製作

星雲大師在「佛教的前途在那裏」的演講中，曾經提及「佛教應該人間化」、「佛教應該現代化」、「佛教應該大眾化」和「佛教應該生活化」，才有助於佛教的前途發展（星雲大師，1991：109～137）。而這三十幾年來，佛光山就是秉著這樣的理念（上述四點可以統括為「人間佛教」），一步一腳印的邁向弘法渡眾的旅程。其中跟本課題比較有直接關係的是「佛教應該現代化」一項，它影響到佛光山傾力將佛教典籍重新編纂製作成適合現代人接受的讀物。

在星雲大師的界定裏，「現代化」這一詞彙，「它代表著進步、迎新、適應、向上的意義。不管國家、社會、宗教等等，都會隨時代空間、時間的轉換，不斷地尋求發展，不斷地趨向所謂的『現代化』。例如：臺灣的十大建設、十二項建設、十四項建設、乃至二十一項建設，到目前提出八兆八千萬的六年經濟建設（按：此指1999

年事）；大陸也曾由破四舊、立四新至提倡『四個現代化』；其他如非洲地區亦積極在開發，朝向現代化發展。由這些事實，我們可以發覺『現代化』的重要」，而「佛教自佛陀創教以來，也無不隨著時代，配合當時的風尚，所謂契理契機，使傳法的方式日新月異，容易讓人接受為原則。如：經典方面，佛陀時代，以口授傳法；佛涅槃後，隨著時代的進步才有貝葉的抄經、刻經、印經；發展到現在的電腦大藏經，都是由於『現代化』而形成各個時代的作品」（同上，35）。星雲大師這種講法，已經不是現代人常掛在嘴邊的「現代化」所能涵括。現代人所指的現代化，是以工業化為根本的內涵；而工業化是以西方從近代以來環繞著機械論所精心塑造的科技模式為導向所進行的變革過程。這種現代化，所涉及的是一個社會的經濟、政治、教育、傳統和宗教的持續變革，而它又是相應著科技的發展所進行的。但這是就非西方國家來說的（西方國家從近代以來締造的現代社會規模，早已成為眾所矚目的標竿，而無所謂「現代化」的問題）（周慶華，1997b：21），因此，有人就給現代化作了這樣的定義：「開發程度較低的社會為達到與開發程度較高的社會相同的水準，而發生的變革過程」，（史美舍，1991：648）。這顯現在國內的，就是從器用層面開始，再到制度層面，最後到思想層面等一連串的變革（金耀基等，1990）；而在佛教界也有人倡議借重現代的傳播技術，以及從事教會組織的重建和傳統教義的革新，以為同步發展（楊惠南，1990；藍吉富，1991；傅偉勳，1990；吳汝鈞，1989；霍韜晦，1989；鄭金德，1991）。星雲大師的講法含有這些意思，又不盡可以劃上等號，它還擴及為滿足現代人的需求而設（上述以工業化為內涵的現代化，未必只考慮到現代人的需求，它還涉及殖民擴張、

資源掠奪和文化宰制等動機）。用比較貼切的名稱來說，叫做「現世化」或「當世化」。

這種現世化或當世化，在星雲大師的構想中，主要包括「佛法現代語文化」、「佛教現代科技化」、「修行現代生活化」和「寺院現代學校化」等。也就是說，佛教經典要語體化、有聲化、電腦化、彩色化，傳教師要通曉國際語言，佛法才能廣泛傳播；傳教方式要採用現代電子科技，配合悅人的音聲影視，才能達到傳教的最高效率和最佳成果；汰除過去盲修瞎練式的閉關修行，以服務奉獻、吃苦耐勞、替人作務為修行，而使生活修行化、修行生活化；寺院不能再像過去那樣變成安老靜養或度假吃拜拜的地方，而要使它學校化，教育僧人，並讓寺院講席成為活躍的學術論壇，提供社會教育服務，接引民眾親近佛法，以成就寺院應有的教育、文化、傳教、辦道等功能（星雲大師，1991：36～43）。此外，舉凡事業經濟、建築設備、組織行政和會議禮儀等，佛教也都應力求現代化，以符應契理契機的佛陀的作為（同上，114～121）。所謂佛教典籍的重新編纂製作，就是當中（重要）的一項。

有關佛教典籍的重新編纂部分，已經在第五章交代過了，這裏就專談重新製作部分。這一部分，最稱大手筆的是白話版《中國佛教經典寶藏》的製作。它緣起於星雲大師的一段閱歷和感概：「『自讀首楞嚴，從此不嚐人間糟糠味；認識華嚴經，方知已是佛法富貴人。』誠然，佛教三藏十二部經有如暗夜之燈炬、苦海之寶筏，為人生帶來光明與幸福，古德這首詩偈可說一語道盡行者閱藏慕道、頂戴感恩的心情！可惜佛教經典因為卷帙浩瀚，古文艱澀，常使忙碌的現代人有義理遠隔、望而生畏之憾。因此，多少年來，我一直想編纂一套白話佛典，以使法雨均霑，普利十方」（梁曉虹釋譯，

1997b：星雲大師總序 1）。而整個製作過程，約略是 1991 年「佛光山在中國大陸廣州市召開『白話佛經編纂會議』，將該套叢書定名為《中國佛教經典寶藏》。後來幾經集思廣益，大家決定其所呈現的風格應該具備下列四項要點：（一）啟發思想：全套《中國佛教經典寶藏》共計百餘冊，依大乘、小乘、禪、密等性質編號排序。所選經典均具三點特色：1、歷史意義的深遠性；2、中國文化的影響性；3、人間佛教的理念性。（二）通順易懂：每冊書均設有譯文、原典、註釋等單元，其中文句鋪排力求流暢通順，遣詞用字力求深入淺出，期使讀者能一目了然，契入妙諦。（三）文簡義賅：以專章解析每部經的全貌，並且蒐羅重要章句，介紹該經的精神所在，俾使讀者對每部經義都能透徹了解，並且免於以偏概全之謬誤。（四）雅俗共賞：《中國佛教經典寶藏》雖是白話佛典，但亦兼具通俗文藝與學術價值，以達到雅俗共賞、三根普被的效果；所以每冊書均以題解、源流、解說等章節，闡述經文的時代背景、影響價值及在佛教歷史和思想演變上的地位角色」；而確定撰寫體例和方向後，再經「慈惠、依空等人百忙之中，指導編修；吉廣輿等人奔走兩岸，穿針引線；以及王志遠、賴永海等大陸教授的辛勤撰述；劉國香、陳慧劍等臺灣學者的周詳審核；滿濟、永應等『寶藏小組』人員的匯編印行」而終於功竟圓成（同上，星雲大師總序 1～2、4）。

　　這一套「歷經五載，集二百餘人心血結晶」的鉅著的出版，在佛教史上當有非凡的意義：第一，它是佛典翻譯史上的創舉：民國以來雖然有不少白話佛經出現，但都是法師或居士個人的開示講稿或零星的研究心得，由於缺乏整體性的計劃，讀者也不易窺探佛法的堂奧；而《中國佛教經典寶藏》叢書能突破窠臼，將古來經律中的重要著作，作有系統的整理，堪稱為佛典翻譯史寫下新頁。第二，

它是學者集體創作的典範：《中國佛教經典寶藏》叢書結合中國大陸北京、南京各地名校近百位教授學者通力撰稿，其中具博士學位者佔百分之八十，而其他也都擁有碩士學位，在當今出版界各種讀物中難得一見。第三，它是兩岸佛學首次大規模的交流互動：《中國佛教經典寶藏》叢書的撰述，大部分由大陸飽學能文的教授負責，並蒐錄臺灣教界大德和居士們的論著（按：這一部分大多體例別出，不跟他書一致，並且在版權頁上冠以「著」字而不加「釋譯」字眼），藉此銜接兩岸佛學，使彼此有互動的機會；而編審部分則由臺灣和大陸學有專精的學者從事，這不僅對中國大陸研究佛學風氣具有帶動啟發的作用，而且對臺海兩岸的佛學交流更是多所助益。第四，它是白話佛典的精良範本：《中國佛教經典寶藏》叢書將佛典裏具有思想性、啟發性、教育性、人間性的章節作重點式的集粹整理，有別於坊間一般「照本語譯」的白話佛典，而使讀者能充分享受「深入經藏，智慧如海」的法喜（梁曉虹釋譯，1997b：星雲大師總序2～4）。

　　至於整套叢書的區劃，則仿照《佛光大藏經》而分成十五類（其中少圖像、山誌二類，而多藝文一類），包括「阿含類」（有《中阿含經》、《長阿含經》、《增一阿含經》、《雜阿含經》等）、「般若類」（《金剛經》、《般若心經》、《大智度論》、《大乘玄論》、《十二門論》、《中論》、《百論》、《肇論》、《辯中邊論》、《空的哲理》、《金剛經講話》等）、「禪宗類」（有《人天眼目》、《大慧普覺禪師語錄》、《六祖壇經》、《天童正覺禪師語錄》、《正法眼藏》、《永嘉證道歌·信心銘》、《祖堂集》、《神會語錄》、《指月錄》、《從容錄》、《禪宗無門關》、《景德傳燈錄》、《碧巖錄》、《緇門警訓》、《禪林寶訓》、《禪林象器箋》、《禪門師資承襲圖》、《禪源諸詮集都序》、《臨濟錄》、《來果禪師語

錄》、《中國佛學特質在禪》、《星雲禪話》、《禪話與淨話》、《釋禪波羅蜜次第法門》等）、「淨土類」（有《般舟三昧經》、《淨土三經》、《佛說彌勒上生下生經》、《安樂集》、《萬善同歸集》、《維摩經詰》、《藥師經》、《佛堂講話》、《信願念佛》、《精進佛七開示錄》、《往生有分》等）、「法華類」（有《法華經》、《金光明經》、《天臺四教義》、《金剛錍》、《教觀綱宗》、《摩訶止觀》、《法華思想》等）、「華嚴類」（有《華嚴經》、《圓覺經》、《華嚴五教章》、《華嚴金師子章》、《華嚴原人論》、《華嚴學》、《華嚴經講話》等）、「唯識類」（有《解深密經》、《楞伽經》、《勝鬘經》、《十地經論》、《大乘起信論》、《成唯識論》、《唯識四論》、《佛性論》、《瑜伽師地論》、《攝大乘論》、《唯識史觀及其哲學》、《唯識三頌講記》等）、「秘密類」（有《大日經》、《楞嚴經》、《金剛頂經》、《大佛頂首楞嚴經》等）、「小乘類」（有《成實論》，《俱舍要義》等）、「律宗類」（有《佛說梵網經》、《四分律》、《戒律學綱要》、《優婆塞戒經》等）、「本緣類」（有《六度集經》、《百喻經》、《法句經》、《本生經的起源及其開展》、《人間巧喻》、《大乘本生心地觀經》等）、「史傳類」（有《南海寄歸內法傳》、《入唐求法巡禮記》、《大唐西域記》、《比丘尼傳》、《弘明集》、《出三藏記集》、《牟子理惑論》、《佛國記》、《宋高僧傳》、《唐高僧傳》、《梁高僧傳》、《異部宗輪論》、《廣弘明集》、《輔教編》、《釋迦牟尼佛傳》等）、「儀制類」（有《中國佛教名山勝地寺志》、《勅修百丈清規》、《洛陽伽藍記》等）、「藝文類」（有《佛教新出碑志集粹》、《佛教文學對中國小說的影響》等）和「雜類」（有《佛遺教三經》、《大般涅槃經》、《地藏經・盂蘭盆經・父母恩重難報經》、《安般守意經》、《那先比丘經》、《大毘婆沙論》、《大乘大義章》、《因明入正理論》、《宗鏡錄》、《法苑珠林》、《經律異相》、《解脫道論》、《雜阿毘曇心

論》、《弘一大師文集選要》、《滄海文集選集》、《勸發菩提心文講話》、《佛經概說》、《佛教的女性觀》、《涅槃思想研究》、《佛學與科學論文集》等）。很顯然這是繼古德譯經後另闢途徑的一大盛舉（古德譯經情況，參見曹仕邦，1990；王文顏，1993；水野弘元，1996）；而其成就，也可說是集三藏十二部經精華而獨標現代語譯論述的新學了。

　　雖然如此，佛光山內部還是很虔誠謙沖的自我檢討道：「《寶藏》希望是一滴濃縮的法水，既不失《大藏經》的法味，又能有稍浸即潤的方便，所以選擇了取精用弘的摘引方式，以捨棄龐雜的枝節。由於執筆學者各有不同的取捨角度，其間難免有所缺失，謹請十方仁者鑒諒」、「《寶藏》希望是一艘現代化的舟筏，以通俗淺顯的白話文字，提供讀者遨遊佛法義海的工具。應邀執筆的學者雖然多具佛學素養，但大陸對白話寫作之領會角度不同，表達方式與臺灣有相當差距，造成編寫過程中對深厚佛學素養與流暢白話語言不易兼顧的困擾，兩全為難」、「《寶藏》希望是一支指引方向的路標，協助十方大眾深入經藏，從先賢的智慧汲取養分，成就無上的人生福澤。然而大陸佛教於『文化大革命』中斷了數十年，迄今未完全擺脫馬列主義之教條框框，《寶藏》在兩岸解禁前即已開展，時勢與環境尚有諸多禁忌，五年來雖然排除萬難，學者對部分教理之闡發仍有不同之認知角度，不易滌除積習，若有未盡中肯之辭，則是編者無奈之咎，至誠祈望碩學大德不吝垂教」、「我們希望《寶藏》是百粒芥子，稍稍顯現一些須彌山的法相，使讀者由淺入深，略窺三昧法要。各書對經藏之解讀詮釋角度或有不足，我們開拓白話經藏的心意卻是虔誠的，若是引領讀者進一步深研三藏教理，則是我們衷心微願」（梁曉紅釋譯，1997b：慈惠法師編序6～7）。這點就我探訪結果，

外界普遍都能給予包容；何況裏頭還隱含有「在《寶藏》漫長五年的工作過程中，大師發了兩個大願力──一是將文革浩劫斷滅將盡的中國佛教命脈喚醒復甦，一是全力扶持大陸殘存的老、中、青三代佛教學者之生活生機。大師護持中國佛教法脈與種子的深心悲願，印證在《寶藏》五年艱苦歲月和近百位學者身上，是《寶藏》的一個殊勝意義」（同上，慈惠法師編序 7～8）這樣的用心呢！大家除了仰慕讚賞，又能多說什麼？

此外，還有錄音帶、錄影帶、影音光碟（CD、VCD 和 DVD）等有聲書和外文叢書的製作。前者，是為兼達到佛典語體化、有聲化、電腦化和彩色化目的（見前）而精心製作的，它比紙本書籍更要運用到現代科技；如《觀音法門》、《般若波羅密多心經》、《金剛般若波羅蜜經義解》、《六祖壇經》、《法華經大意》、《八大人覺經》、《四十二章經》、《佛遺教經》、《法華經的經題與譯者》、《法華經的譬喻與教理》、《法華經普門品與觀世音信仰》、《涅槃經》、《楞嚴經大義》（以上為錄音帶，且部分兼用國、臺語）、《金剛經的般若生活》、《金剛經的價值觀》、《金剛經的四句偈》、《金剛經的發心與修持》、《金剛經的無住生心》（以上為錄影帶）、《（國語修心版）般若波羅蜜多心經》、《（梵音修行版）般若波羅蜜多心經》（以上為 CD）等都是（按：VCD、DVD 還在研發中）。後者，是佛典現代化旁出為擴大弘法對象而特別製作的；如英譯《法句經》、英譯《百喻經》、《百喻經圖畫書》英文版 1～20、《星雲禪話》英文版 1～4 等都是。以上這些雖然不像《中國佛教經典寶藏》那般有計劃的出版（多半是配合主講者或特定接受對象而製作的），但同樣可以看出佛光山力求佛典現代化以普及佛法的那一非常人所及的智慮和願力。

第四節　佛學叢書的企劃出版

佛光山為了普及佛教文化,以開展專業佛教書籍嶄新的一頁,更企劃出版了多種佛學叢書。以讀者「接受度」較高的來說,就有標榜「在經典法論中,拾回濛忘的智心」(出版單位在圖書目錄所擬,下同)的「經典叢書」、標榜「從歷史傳記中,邂逅互古的真心」的「史傳叢書」、標榜「由教論義理裏,條理紛雜的亂心」的「教理叢書」、標榜「大師行誼中,成就渡生慈悲心」的「星雲大師著作叢書」(按:星雲大師的著作一向歸在文選叢書,出版者為宣傳效果特別凸出,後面舉例時仍依慣例不別出這一類)、標榜「文選花園裏,豐富更寬廣的新視界」的「文學叢書」、標榜從儀制規範中,莊嚴久逸的散心」的「儀制叢書」、標榜「由此用世書籍裏,品嚐塵世芳美的清心」的「用世叢書」和標榜從「雋永的文學中,柔軟漸痲冷的冰心」的「藝文叢書」。此外,還有「概論叢書」、「童話漫畫叢書」、「工具叢書」、「外文叢書」、「有聲叢書」等等(按:另有「法器文物」,非書類,此略)。這已經不是出版單位所謙稱的「在歷史的軌跡中成就佛業」(佛光文化公司編,1999:2),而是「在歷史的軌跡外創新佛業」了(因為佛光山所作的盡是空前的舉動)。

在經典叢書方面,已經出版的除了《中國佛教經典寶藏》132冊,還有《八大人覺經十講》、《圓覺經自課》、《地藏經講記》、《維摩經講話》、《法華經教釋》、《觀世音普薩普門品講話》、《華嚴經講話》、《六祖壇經註釋》、《金剛經及心經釋義》、《金剛般若波羅蜜經講話》等;在史傳叢書方面,已經出版的有《中國佛學史論》、《唐代佛教》、《中國佛教通史》4 卷、《中國禪宗史話》、《釋迦牟尼佛傳》、《十大弟子傳》、《中國禪》、《中國禪祖師傳》上下、《天臺大師》、《十

大名僧》、《人間佛教的星雲——星雲大師的行誼（一）》、《玉琳國師》、《緇門崇行錄》、《佛門佳話》、《佛門異記》1～3、《金山活佛》、《弘一大師與文化名流》、《皇帝與和尚》、《人間情味豐子愷》、《豐子愷的藝術世界》、《中國佛教高僧全集》1～50（按：後續將出到100冊）、《日本禪僧涅槃記》上下、《仙崖禪師軼事》、《印度佛教史概說》、《韓國佛教史》、《印度教與佛教史綱》1～2、《大史》上下等；在教理叢書方面，已經出版的有《中國佛教哲學名相選釋》、《法相》、《佛教中觀哲學》、《大乘起信論講記》、《大乘百法明門論解說》1～2、《空入門》、《唯識思想要義》、《真智慧之門》等；在文選叢書方面，已經出版的有《星雲大師講演集》1～4、《星雲禪話》1～4、《星雲大師》1～2、《（星雲大師）往事百語》1～6、《星雲日記》1～44、《覺世論叢》、《寶藏瓔珞》、《雲南大理佛教論文集》、《湯用彤全集》1～8、《我看美國人》、《火焰化紅蓮》、《有無之境——王陽明哲學》、《本生經的起源及其開展》、《六波羅蜜的研究》、《禪宗無門關重要公案之研究》、《原始佛教四諦思想》、《般若與玄學》、《大乘佛教倫理思想研究》、《印度佛教蓮花紋飾之探討》、《佛教文學對中國小說的影響》、《佛教的女性觀》、《盛唐詩與禪》、《禪宗思想的形成與發展》、《晚唐臨濟宗思想評述》、《弘一法師出家前後書法風格之比較》、《龍樹菩薩中論八不思想的探究》、《一句偈》1～2、《善女人》、《善男子》、《生活無處不是禪》、《佛教藝術的傳人》、《與永恆對唱——細說當代傳奇人物》、《琉璃人生》1～4、《生命的活水》1～2、《心行處滅——禪宗的心靈治療個案》、《水晶的光芒》上下、《全新的一天》、《譬喻》、《星雲說偈》1～2、《經論指南——藏經序選譯》、《年度佛學研究論文集》共17冊（1976～1998）、《佛教歷史百問》、《佛教文化百問》、《佛教藝術百問》、《佛教典籍百問》、《佛教密宗

百問》、《道教氣功百問》、《佛教禪宗百問》、《道教知識百問》、《禪詩今譯百首》、《印度宗教哲學百問》、《基督教知識百問》、《伊斯蘭教歷史百問》、《伊斯蘭教文化百問》等；在儀制叢書方面，已經出版的有《宗教法規十講》、《梵唄課誦本》、《中國佛教與社會福利事業》、《無聲息的歌唱》等；在用世叢書方面，已經出版的有《佛光山靈異錄》、《怎樣做個佛光人》、《佛光山開山二十週年紀念特刊》、《佛光山開山三十週年紀念特刊》、《1998年印度菩提伽耶國際三壇大戒戒會特刊》、《佛光山開山三十一週年年鑑》、《念佛四大要訣》、《摩尼珠上的靈光》、《跨越生命的藩籬——佛教生死學》、《禪的智慧 VS.現代管理》、《遠颺的梵唱——佛教在亞細亞》、《如何解脫人生病苦——佛教養生學》、《人生雙贏的磐石》等；在藝文叢書方面，已經出版的有《覷紅塵》、《以水為鑑》、《萬壽日記》、《敬告佛子書》、《善財五十三參》、《第一聲蟬嘶》、《聖僧與賢王對答錄》、《禪的修行生活——雲水日記》、《生活的廟宇》、《人生禪》1～10、《佛教說話文學全集》1～11、《紅樓夢與禪》、《回歸佛陀的時代》、《佛踪萬里紀遊》、《一缽山水綠》、《擦亮心燈——武俠影后鄭佩佩的學佛路》、《豐富小宇宙》、《與心對話》、《佛教散文選》1～5、《佛教小說選》1～8、《蟠龍山》、《緣起緣滅》、《華雲奇緣》、《幸福的光環》、《失落的秘密》、《心靈的畫師》、《佛教聖歌集》、《童韻心聲》、《向寧靜的心河出航》、《利器之輪——修心法要》、《吹皺一池海市蜃樓》、《絲路上的梵歌》、《禪話禪畫》、《筆記書》1～6等；在概論叢書方面，已經出版的有《八宗綱要》、《佛學概論》、《佛教的起源》、《佛道詩禪》、《中國佛教百科叢書》共10卷、《佛家邏輯研究》、《中國佛性論》、《中國佛教文學》、《敦煌學》、《宗教與日本現代化》、《金剛經靈異》、《佛與般若之真義》、《天臺思想入門》、《宋初天臺佛學窺豹》、

《談心說識》、《淨土十要》上下、《頓悟的人生》、《盛唐禪宗文化與詩佛王維》、《現代西藏佛教》、《藏學零墨》、《西藏文史考信集》、《西藏佛教之寶》、《水晶寶鬘》等；在童話漫畫叢書方面，已經出版的有《童話書》共三輯、《百喻經圖畫書》共 20 冊、《新編佛教童話集》1～7、《佛教故事大全》上下、《化生王子》、《佛陀的一生》、《佛教高僧漫畫全集》1～15（按：後續將出到 100 冊）、《大願地藏王菩薩畫傳》、《極樂與地獄》、《王舍城的故事》、《僧伽的光輝》、《南海觀音大士》、《玉琳國師》、《七譬喻》、《鳩摩羅什》、《金山活佛》、《隱形佛》、《漫畫心經》、《畫說十大弟子》、《槃達龍王》、《富人與黿》、《金盤》、《捨身的兔子》、《彌蘭遊記》、《不愛江山的國王》、《鬼子母》等；在工具叢書方面，已經出版的除了《佛光大藏經》現編 143 冊、《佛光大辭典》和《佛教史年表》，還有《世界佛教青年會 1985 年學術會議實錄》、《世界顯密佛學會議實錄》、《世界佛教徒友誼會第十六屆大會佛光山美國西來寺落成典禮暨傳戒法會紀念特刊》、《世界佛教徒友誼會第十六屆大會暨世界佛教青年友誼會第七屆大會實錄》、《佛光山 1989 年國際禪學會議實錄》、《佛光山 1990 年佛教學術會議實錄》、《佛光山 1990 年國際佛學學術會議論文集》、《佛光山 1991 年國際佛教學術會議論文集》、《世界佛教徒友誼會第十八屆大會世界佛教青年友誼會第九屆大會實錄》、《世界傑出婦女會議特刊》、《誇世紀的悲欣歲月——走過臺灣佛教五十年寫真》、《抄經本》、《般若波羅蜜多心經抄經本》、《佛說阿彌陀經抄經本》、《妙法蓮華觀世音菩薩普門品抄經本》、《八大人覺經抄經本》、《金剛波若波羅蜜經抄經本》等；在外文叢書方面，已經出版的除了前節所述諸書，還有《傳燈》英文版、《心甘情願》西班牙文版等；在有聲叢書方面，已經出版的有星雲大師講座、心定法師主講、慈惠法師主

講、依空法師主講、依昱法師主講、其他居士主講等錄音帶，以及梵唄錄音帶、廣播劇錄音帶、梵樂錄音帶、梵樂CD、弘法錄音帶、《佛光大辭典光碟》等一百多種（含前節所述那一部分）。

以上還沒有計入香海文化公司和如是我聞文化公司所出版的叢書（如銷售情況不惡的《佛光菜根譚》之類）、錄音帶、錄影帶、CD（如《恆河的聲音》）、VCD（如《釋迦牟尼佛傳》音樂劇）、DVD，但已經可以看得出來，佛光山出版佛學書籍特能兼容並蓄以及符合現代專業企劃精神（以體現它的融合性格和現代教團領航者的實力），遠非其他單出一宗一派佛書或零散出書的佛教出版社所能相併比（上面所以不厭其煩的著錄書名，無非也是為了讓大家了解佛光山出版品的面廣類多和企劃能力）。這些佛書（按：以上有重複收入《中國佛教經典寶藏》的，概不零售），佛光文化公司曾經列過暢銷書排行版，以見讀者喜愛的程度【如1999年排行榜的前十名，依次是《漫畫心經》、《法華經》、《釋迦牟尼佛傳》、《筆記書 4》、《人生雙贏的磐石》、《火焰化紅蓮》、《十大弟子傳》、《星雲禪話 2》、《星雲禪話 1》、《幸福的光環》（佛光文化公司編，2000：16）】。此外，還有多次的得獎及受推介紀錄，如《以水為鑑》獲高雄文藝獎（1986年）、《佛光大辭典》獲行政院新聞局全國圖書金鼎獎（1989年）、《南海觀音大士》獲國立編譯館優良連環圖畫獎（1991年）、《三十二天天外天——琉璃人生 2》獲行政院新聞局第十三次優良中小學生課外讀物推介（1995年）、《利器之輪——修心法要》獲行政院新聞局第一次優良中譯圖書推介（1995年）、《百喻經圖畫書》獲行政院新聞局十四次優良中小學生課外讀物推介（1996年）、《經論指南——藏經序文選譯》等 13 本書入選臺北市政府新聞處優良圖書推介（1997年）、《漫畫心經》獲行政院新聞局第十五次優良中小學生讀

物推介（1997年）、《百喻經圖畫書》系列中的《愚人擠驢奶・顛三倒四》獲福爾摩莎兒童圖書插畫獎（1999年）等（佛光文化公司編，1999：2～3）。可見佛光山在推廣佛教文化以及為社會注入一股清流上，已經卓有成效了。

　　另外，比較值得一提的是，這當中有幾套書都是為了特別用途專門企劃製作的。如《中國佛教高僧全集》，是「以歷代高僧之風采再現今世為宗旨，力求現代化、白話化、小說化、真實化，將歷代高僧道範與淨行活潑呈顯，以親切通俗的面貌，溫渥現代人的心靈，期望為現代人樹立新的智慧長明燈」，而「預定出版十二門一百位高僧，完整輝映各宗派以及教化上卓有貢獻之歷代僧伽，以白話語彙及小說體裁忠實記傳，成為白話版的現代《高僧傳》」，「希望能將蛛網塵封之高僧行誼再現當代，讓前賢的智慧燈炬普照三千世界迷茫眾生，讓聖僧的佛法光芒照亮九洲大地的黑暗角落」（圓香，1994：星雲大師總序 4）。又如《中國佛教百科叢書》，是源自企劃編撰者認為「隨著人們對其宗教、文化乃至社會價值認識的不斷深入，時下學佛者日多。然而，面對八萬四千法門，究竟應該從何而入？浩如淵海的經典寶藏，又如何才能真正做到開卷有益？初學有得者，怎樣才能循序漸進、更上一層樓？素有研究者，又如何廣開思路、進一步發掘佛教的文化、社會價值，為淨化人的心靈、創建時代的精神文明作貢獻？凡此種種，《中國佛教百科叢書》將試圖作出力所能及的努力」，而該叢書「凡十卷，總三百多萬字，從經典、教義、歷史、宗派、人物、儀軌、詩偈、書畫、建築、雕塑等十個方向，較全面系統地再現了中國佛教及中國佛教文化的總體面貌及其歷史發展。其中既有基本知識的介紹，又有主要意理的闡釋；既有歷史發展的概述，又有個案的深入剖析；既有宗教意義的闡發，又有文

化價值的揭示」，使它「既是初學者登門入室之階梯，對佛學研究者又具有較高的參考價值」（陳士強，1999：賴永海序 1〜4）。又如《佛教高僧漫畫全集》，這是繼現代小說版《中國佛教高僧全集》後而推出的，預計出版一百冊，它所考慮的是「圖像具有比文字更直接的傳達印象功能，尤其是漫畫，更是現代青少年喜歡與習慣的閱讀形態」，而且「不只青少年，健康有趣的漫畫應是老少咸宜，優美精緻的漫畫是值得細細品味」；因此，這套叢書的企劃，「一方面能與社會脈動結合，一方面又能作為現代人的心靈指標，可說極具欣賞及典藏的價值」，並且它「包含了從印度原始佛教到近代，各宗派於弘法教化上卓有貢獻的一百位高僧。他們的行誼，以活潑新穎的面貌呈現，對於『人間佛教』的推展，實具有積極的意義和作用」，希望藉此輕鬆的方便法門，能將佛法普及，讓高僧的風範溫渥青少年清純的心靈，使每一個人都擁有美善健全的人生」（鄭問編繪，2000：星雲大師總序 3〜5）。後者，才剛執行沒有多久，還不容易看出它整體的「成就」；但因為它有經過精心的企劃，以及所動員的人力遍及臺灣和東南亞，殊屬不易，以至佛光山內部自行評估它的特色如下：第一，親切感人的高僧故事：高僧的人格、言行不再生疏遙遠。一百個故事，演出一百位高僧的生命歷程。不刻板、不說教、文字淺白易懂，優美流暢，讓讀者輕鬆自然的親炙高僧的風采。第二，繽紛生動的漫畫繪製：集合臺灣及東南亞老中青知名的漫畫家，以不同的畫風用心繪製。在這座寬廣的花園裏，畫家們辛勤耕耘，展現精湛的藝術才華，綻開了繽紛又多樣的美麗花朵。第三，豐富確實的資料提供：每一本書裏的人物造型、服飾、建築及佛像上，盡量符合時代背景和歷史考據，使讀者輕鬆閱讀漫畫的同時，增加豐富的史料知識。第四，完整周詳的結構安排：本套書除了精采的漫

畫，每本書更規劃了高僧小傳、宗派源流、智慧之窗等單元，使讀者能全方位了解高僧生平、佛教歷史及佛教義理（同上，4～5）。相信讀者不致沒有相同的感受，而對於佛光山如此用心和體貼的作法，當也會另升一分景仰和讚佩之情！至於《中國佛教高僧全集》和《中國佛教百科叢書》，由於撰寫者清一色是大陸人，受制於特定的觀點和筆法，「力道」難免偶有不足（不盡合此地讀者的胃口）；或因多人操筆風格不一，而導至留予讀者「品質不夠整齊」的觀感（佛學界的朋友在座談中表示）。不過，從另一個角度看，這種製作方式，也是佛教在現代能夠被認識的一個契機，應當有它不可抹煞的貢獻在（至於品質的提升，在當下已是「餘事」──但不妨轉期待後續的叢書的企劃製作）。

第五節　其他

　　有關佛光山的佛學出版，當然不只是前面所說的那些而已。在出版單位方面，臺中全國廣播電臺要播放音聲節目、佛光衛星電視臺要播放影視節目、佛光山資訊中心要製作電子書和上網電子報，這都使得臺中全國廣播電臺、佛光衛星電視臺、佛光山資訊中心成了「實質性」的出版單位（只是出版形態有異罷了）。此外，於 1988 年成立，「為使人間佛教能深入社會各階層，普及每個家庭，使人人均能享受佛法甘露，精神得到寄託」，而「自行設備機器，製作錄音帶、錄影帶、電臺廣播劇等等，透過音聲、影視之傳達，以促進社會人心之淨化，提升生活之品質，使佛法真正臻於普遍化、大眾化」的佛光山視聽中心（佛光山宗務委員會編，1997a：268），自然也是

一個不得不提的出版單位。只不過它的出版品都由佛光文化公司發行，名義上但存純製作的下游產出單位。

在上述的有聲出版單位中，佛光衛星電視臺和佛光山資訊中心，都是 1997 年才成立而後大展鴻圖的。前者，旨在「宣揚佛法，肩負社會責任，提升佛教品質、促進家庭和諧。希望能將佛法用更精緻、系統、直接的方式，傳送到每一戶家庭，方便有心學佛的信眾，以實踐人間佛教的精神，建立人間淨土」；而在此一人間佛教的理念下，佛光衛星電視臺「率先在節目內容上不插播任何商業廣告，期創造佛教與社會功能的公益形象，故為國內第一個綜合宗教、社教及娛樂的綜合性衛星電視臺。節目形態呈多元開展，內容融合知識性與娛樂性，包括宗教、社教、戲劇、婦女、兒童、生活資訊及公益服務等，是一個老少咸宜、沒有污染的純淨頻道，是一個以公益服務為宗旨的『民間公共電視臺』」，另外它也「全力製作屬於佛教、社教及拍攝教忠、教孝的歷史節目等，以祈淨化人心，推動祥和社會，建立清淨的電視淨土」（佛光山宗務委員會編，1999：222）。換句話說，佛光衛星電視臺也跟佛光山其他的傳播媒體如《普門》雜誌、《人間福報》等一樣，「並不以宗教議題為限，而是採取入世、人性關懷的角度，作為主要報導的題材」；也就是不以播映佛教節目為限」，它還包括「美語教學、素食教室、旅遊性節目及醫藥節目」，而「舉凡包括墮胎等有關的社會議題，佛光衛視也都曾作深入的報導與探討」（曾國仁，2000）。後者，是為達到「『佛光普照三千界，法水長流五大洲』的理想，透過電腦網路資訊傳播大眾服務，使佛光山全球新聞報導的快速性與全面性早日全面實現」而設立的；它先於 1991 年在總本山成立「佛光山電腦中心」，「期望將全部作業流程透過資訊化之方式，發揮弘傳佛法之最大效益」，而後「為使資訊

的傳播達到更高效率，運用網際網路的傳輸，將資訊傳播於全世界各地」，於是在 1997 年 1 月，更名為「佛光資訊中心」，並且在同年二月和四月分別於福山寺設立「中區電腦教室」和臺北普門寺設立「北區辦公室」，積極籌劃設立網站事宜。1997 年 5 月，正式成立「佛光山全球資訊網站」，內容包括「星雲大師著作、《普門》雜誌、《覺世》月刊精華版、佛光叢書介紹、特殊活動專題報導、佛光新聞網、叢林學院介紹、佛光衛視節目介紹、有聲佛學講座、電子念佛機等等」；同年年底於臺北普門寺成立「北區電腦教室」。而現階段佛光山資訊中心所從事的工作，不外有「網際網路弘法、國內職事電腦教育訓練、國內各道場使用輔導、電子書、電子報」等。教育訓練有「網路架設、硬體維修基礎班、Windows95 及 Office 系列課程，及網頁設計、影像處理、美工繪圖、網際網路、收發電子郵件等課程」；而在電腦弘法方面，則籌劃有「經典傳播、活動通告、線上報名、多媒體弘法、網路新聞、接引青年」等多項目標（佛光山宗務委員會編，1999：223）。由於有這些新興傳播媒體的相繼成立，使得佛光山成了國內唯一擁有陣容龐大而堅強的弘法隊伍的宗教團體（包括有專屬的雜誌、報紙、廣播電臺、衛星電視、電子報等媒體），而為外界所津津樂道（曾國仁，2000；楊錦郁，2000）。

另外，還有《佛光學報》、《佛光通訊》等刊物和《佛教》、《佛光教科書》等叢書，也是佛光山長期以來辛勤耕耘編製的對象（此外還有對內發行的《山門日報》，以及為溝通漢藏佛教而發行的《漢藏通訊》和為「聯絡佛光會會員的感情，提供佛光會會員的資訊，促進佛光會會員的認知，增加佛光會會員的修學」而發行的《佛光世紀》，為省篇幅，此略）。《佛光學報》於 1976 年創刊，為佛教學術刊物，旨在提供有識之士研究佛學時參考；編輯方針則從「培養

佛學研究的風氣」、「發揚經論內含的真義」、「啟迪佛學新知的發現」、「溝通佛教宗派的見解」、「運用現代治學的方法」和「介紹佛教思想的著作」等六方面著眼（星雲大師，1977）。雖然它在八〇年代末就停刊了（九〇年代以後改出佛學研究論文集），但在當時國內佛教學術刊物還不多的情況下【按：據統計，臺灣的佛教刊物，從光復到九〇年代初，起起落落的總有百種以上，但經常維持出版發行的，卻為數極少。其中偶有學術論文刊出的，也僅止於《海潮音》、《中國佛教》、《菩提樹》、《獅子吼》、《慧炬》、《佛教文化》、《十方》等；而以佛教學術專門刊物的姿態出版的，也只有《華岡佛學學報》、《佛光學報》、《中華佛學學報》、《華梵佛學年刊》、《西藏會訊》、《西藏研究論集》、《諦觀》等數種。（釋聖嚴，1993f：333）】，這份刊物無疑的也一併發揮了帶動國人研究佛學風氣的作用。至於《佛光通訊》，則是完全對內的刊物，於 1979 年 11 月創刊，十天一期，主要刊載佛光山各單位弘法狀況、星雲大師開示語錄、頒布佛光組織／制度／辦法、各項法會通告、會議決議遵行事項、各別分院舉辦的種種重要法務／行事、佛光山派下各佛學院辦學情況等等。它是佛光人自耕的園地，在功能上「不但是開山大師推動人間佛教的如實呈現；也是佛光山各別分院溝通的橋樑；更是佛光山大乘佛教無盡的傳燈錄」（佛光山宗務委員會編，1987：210）。這份刊物發行至第107 期，正式改為半月刊，目前已經出版近 500 期，而且直屬於佛光山宗務委員會（此為現任主編張美紅小姐所告知）。同樣的，《佛教》和《佛光教科書》兩套叢書，也是專為佛光山所辦佛學教育的需求而編撰的，只限於教內流通（外界可以購閱，但不著錄在出版社所編撰的圖書目錄上）。前者，共分教理、經典、佛陀、弟子、教史、宗派、儀制、教用、藝文、人間佛教等十類，每類編纂成一冊，

只提供給佛光會檀講師、檀教師、佛光山徒眾以及佛學院學生研讀使用，不對外發行。這套叢書是星雲大師的宿願，完稿於 1995 年，其中的因緣是星雲大師有感於「幾年來，我雲遊於世界各地，常常遇到一個問題：『大師！我們想信仰佛教，但是佛教書籍那麼多，不知道要看那一本書，才能全盤地了解佛教？』面對如此簡單的問題，我竟然不知道如何去回答」，而慨然的從 1992 年開始「著手編撰《佛教》，作為訓練的教材（按：是年適逢國際佛光會成立，星雲大師為了培養更多的在家傳教師而創立了檀講師、檀教師、檀導師的制度，《佛教》的編撰正好作為訓練在家傳教師的教材），並且回應大眾對佛法不知如何入門的迷惑」（星雲大師編著，1995e：序 1～3）。後者，共有《佛法僧三寶》、《佛教的真理》、《菩薩行證》、《佛教史》、《宗派概論》、《實用佛教》、《佛教常識》、《佛教與世學》、《佛教問題探討》、《宗教概說》、《佛光學》、《佛教作品選錄》等十二冊，編撰期前後歷時五年，於 1999 年完竣問世。這是為佛教現代化「缺少一套完整的佛教教科書」而發心編撰的（按：《佛教》叢書主要是作為佛光會會員和佛光山徒眾講說的參考資料，而此套叢書則是作為各階層佛學教育的教材，彼此略有區別；同時後者比前者還更被期待為教內教外所共遵），所謂「《佛光教科書》並非以學者專家為主要讀者對象，而是為亟需了解佛教的初學者所編印，內容著重在佛教基本知識的強化，因此學術性的研究推論及考據，不屬於本《教科書》的範圍。此外，在宗派的介紹上，我們的立場不偏於某一宗派，更非一家一派的言論；而在探討佛教史上，縱使存有佛教流傳的缺失問題，我們也不掩藏，希望有助於佛教未來的革新改進，教者、研讀者可從本《教科書》獲得對佛教全盤的了解」（星雲大師編著，1999j：序 1～8），星雲大師已經把編撰《佛光教科書》的用意

作了清楚的交代。也因為有這兩套叢書的出現，使得佛光山在佛學出版上照顧得更為全面，而足以留給世人不盡的追慕和品味！

第七章　佛光山的佛法傳播

第一節　講經説法

　　佛光山的文化事業除了表現於藏經編纂和佛學出版，此外還有佛法傳播。佛法傳播著重的是媒體的運用或開發（不像藏經編纂和佛學出版本身就是媒體）；而媒體的運用或開發又是當今傳播學中特別重要的一環，佛光山在藉助現代傳播媒體弘法上向來就不落人後，自然也需要闢一專章為它的成就略作安置。

　　一般所說的傳播，約略包括情境架構、來源、受播者、訊息、通道、噪音、傳遞或製碼過程、接受或譯碼過程、回饋和傳播效果等成分，而它的性質可以界定為「在一個情境架構中，由一個人或更多的人，發出訊息，並由一個人或更多的人收到噪音阻擾（或曲解）的訊息，產生一些效果，並在當中含有一些回饋的活動」（李茂政，1986：13～24）。在整個傳播過程中，每一個環節都可以成為研究的對象；尤其是透過科際整合，所鋪展出來的研究成果，更可以繁複到難以想像的地步（楊孝濚，1983；陳世敏，1986；鍾蔚文，1992；劉昶，1994；張錦華，1997）。但受限於篇幅以及個人的能力，在探討佛光山的佛法傳播時，實在沒有辦法顧及每一個環節，只能概要的以佛光山所運用或開發的媒體為討論重點。即使是這樣，一般媒體所可以多取向研究分析的【古爾維其（M.Gurevich）等，1992；柏格爾（A.A.Berger），1994；海伯特（R.E.Hiebert）等，1995、

1996】，在這裏也要簡省到只對該媒體所蘊涵佛法精神一個特定點的關照上。

這首先要談的是講經說法部分。佛光山作為一個佛教團體，自然得以佛法的傳揚光大貫串它的每一項活動（所謂的教育、文化、慈善、共修等事業或志向，都是如此），而這個佛法（也就是人間佛教）又是佛光山上下特別體驗感悟而來的。因此，它的傳教方式，也就有別於其他佛教團體而值得大家深入去了解。在《佛光山開山三十週年紀念特刊》的〈弘法布教〉章開頭有段話說：「佛光山所提倡的人間佛教，是入世重於出世，生活重於生死，利他重於自利，普濟重於獨修，現世重於來生」，而「三十年來，不論海內外，為順應各地不同的文化生活，配合不同信眾根器，本山信眾監院室，及世界各別分院均於當地舉行定期或不定期的法會活動，以提升信眾對佛法的認知，使他們具備佛教的宏觀。讓佛教的信仰及佛法的智慧，落實於生活中，成為生命的一部分」（佛光山宗務委員會編，1997a：319）。這已點出佛光山弘法的重點和活動方式；而在實際上佛光山也無時無刻不利用可能的機會弘法（如透過通俗講演、梵唄聖歌教唱、戲劇表演、文化出版、電臺廣播、電視弘法、信徒講習會、法會慶典、夏令營、修道會等等），而弘法的足跡更遍及海內外（從城市到鄉村、軍隊、學校、工廠、甚至監獄，都留下許多感人的故事）（佛光山宗務委員會編，1987：329～384；1997a：132～228）。

在前前後後的弘法中，「講（經）說（法）」一直是佛光山最直接的傳教方式；而它的確也形塑出了佛光山自己的特色。這個特色，就是所傳的佛教「不但是進取的，給人幸福、快樂的，也讓人歡喜、有希望的」（星雲大師編著，1995c：421）。它的講說方式，可以從星雲大師的一段講詞中看出一斑：

　　我們都知道佛教傳統講經的方法，一開始就把經中對世間實相的分析，照本宣科的說出來：「苦呀！空呀！無常呀！」不錯，這是佛教的基本思想，是佛陀所說的三法印，但是當今說法布教時，要應用善巧方便。佛教為什麼說苦？是為了追求幸福快樂的。苦是人間的現實，但非我們的目的，佛教的目的是要脫苦，尋求快樂。說到空，天也空，地也空，四大皆空……讓大家很害怕，覺得什麼都沒有了。其實「空」是建設「有」的，只是一般人不了解。空有空的內容，在空的裏面才能擁有宇宙的一切；不空的話，就什麼都沒有了。真「空」生妙「有」，我們先有「妙有」，才能入「空」；先建設現實「有」的世界，從「有」的真實中，方能體驗「空」的智慧。

　　有些佛教人士說法，常否定人間現實的需要。比方說，弘法的時候談到金錢，就說「黃金是毒蛇」，好可怕哦！談到夫妻，都是「不是冤家不聚頭」；講到兒女，是一羣討債鬼；論及世間，凡事都是無常的……那麼一般人聽到了這些，到底他擁有了什麼？圍繞在他四周都是毒蛇、是冤家、是討債鬼，隨時會幻滅的一切，好可怕的人生！

　　佛教並非全盤否定金錢，對於取之有道的金錢，稱為淨財。淨財可以推動各種事業發展，使社會安和樂利。妻子兒女、親戚眷屬，只要彼此尊重、互敬、互諒，可以成為道友法侶，建設和樂的佛化家庭。因為世間無常，一切都不停地在變化；在變化中，壞的才能變成好的，惡的才能變成善的，凡夫也才能成為聖人。我今天在這裏特別呼籲，不要把出世的思想完全加諸每一位佛教徒身上，讓他們有消極、厭世的

想法。我們應該宣揚樂觀、喜悅的佛教，來增進他們的幸福，增進他們的道德、慈悲，使他們的生活更美滿，這才是真正佛陀示教的真諦。(星雲大師編著，1995c：418～420)

換句話說，佛光山所極力倡導和實踐的，就是從利生或現實需求面來講經說法，以便進一步能落實人間佛教的理念。這種傳教方式，不論是見於正式的講經還是專門的討論或是隨機的開示，所期待看到的效果無不是聽眾的「即席受益」或「當下悔悟」，而同登現世樂土。星雲大師還有一段話，正可以用來正面的證成：

通常在寺廟裏面，都會供奉一尊笑口常開的彌勒菩薩，他又稱為歡喜佛，只要你一進門，他就把歡喜帶給你。佛經中記載：佛陀說法時，大眾同聲「願樂欲聞」，到最後是「歡喜踴躍，信受奉行」，這也是在提倡要有法樂、禪悅。佛教中菩薩的修行，俱證人我二空。成就自利利他之行，心生喜悅，就稱為「歡喜地菩薩」。另外，還有所謂金剛喜菩薩、禪悅藏菩薩。可見佛教是提倡喜樂的宗教，從自身輕安的法喜，到自他二利的禪悅法喜。

有人常說：佛光山地上要鋪地氈，屋子內要裝冷氣，外表的建築金碧輝煌，佛教怎麼可以如此做？其實，只要提到西方極樂淨土、東方琉璃世界，都是城闕樓閣、軒窗羅網、黃金鋪地、七寶所成，大家無不喜歡嚮往。佛教徒天天念佛，念了幾十年，就是想要到極樂世界去。阿彌陀佛建設的極樂世界，為什麼要到死後才享受？而在世的時候，為什麼你不要這些東西？佛光山的莊嚴，是希望來山者能由此體會淨土的喜樂，對三寶生起信心。

　　所以，在佛光山法制中，我定了一條規矩，信徒信仰功
德要增長，慢慢成為功德主，到了七品或八品的層次時，假
如有需要的話，不必要他的子女來奉養，佛光山願意奉養他。
因為他對三寶、佛法貢獻那麼多，我不能對他說：「你將來往
生西方極樂世界，阿彌陀佛會來接引你。」我不能讓阿彌陀
佛替我償還他的功德，我要以當世的莊嚴淨土來償還大家。
（星雲大師編著，1995c：420～421）

在這種情況下，佛光山的講經說法就有戛戛獨造的意味；而所謂「佛
光山的性格，就是給人信心、給人歡喜、給人希望、給人方便。今
後，唯有現代佛教建設喜樂的觀念，建設幸福快樂的佛教，佛教的
信徒才能增加，佛教才能綿延流傳」（星雲大師編著，1995c：421）
的想望，也就在佛光人同心協力的陸續經營中徹底實現了。

　　由星雲大師所開啟帶動的這種傳教方式，著實也給臺灣的佛教
界創新了氣象，聆教獲法的信徒人數年年在攀升增加中。底下這段
星雲大師的親身體驗，就是最好的見證：「三、四十年前，臺灣民風
保守，但正信『佛法』的魅力卻是銳不可擋。我在宜蘭各地鄉鎮布
教，青年們一擁而上，總有談不完的話題。有人說，我好像一塊糖，
大家都喜歡黏著我，其實是『佛法』如同糖一般，能滋潤心田，人
們自然喜歡親近；在溪州講經，臺糖總公司派鐵路汽油專車接送，
看到大家對『佛法』渴望的神情，我發願要精進弘法，永不休息；
1995 年，到彰化田中開示，全鎮的人都出來歡迎，甚至攑神轎，舉
出『迴避』、『肅靜』等木牌遊行，大街小巷好像在慶祝節日似的，
充滿著歡欣鼓舞的氣氛。我知道他們是欣喜『佛法』甘露的降臨，
因此更賣力地敷演妙諦；每月在高雄例行講座更是熱鬧非凡，沿途

信徒的住家紛紛放長串鞭炮，並且請樂隊一路奏樂接送。後來，我毅然南下建寺，希望南部的人們也都能飽餐『法』味」；而「直至今日，佛教普及全臺，有『佛法』的地方，羣眾依然趨之若鶩。我一年一度在國父紀念館主持的佛學講座，總是場內場外人滿為患，後到的觀眾沒有位子，甚至甘願席地而坐，貼牆而立；每次在北、中、南三區舉行的禪淨密三修法會也都是人山人海，來賓獻花、禮拜，那種熱情直叫你感耳動心，難以忘懷；每年在國家音樂廳舉辦的梵唄音樂會，法音宣流，滌盡塵慮，往往座無虛席，一票難求；平日我為機關剪彩開光，信眾匍匐跪拜，恭敬供養，那種虔誠也是令人情緒澎湃，久久盈懷。工商業社會競爭激烈，分秒必爭，賺錢十分不易，我明白他們的付出是為了恭敬『佛法』的緣故。因此，我更加以『佛法』的言辭、『佛教』的音聲、『佛法』的威儀、『佛法』的祝福來回饋大眾」（星雲大師，1999h：142～144）。星雲大師所說的「佛法」，並不是不證自明的，而是經由星雲大師及其徒眾予以現代的詮釋，能帶給人喜樂和希望而形成的。星雲大師越是「自謙」，越無法掩蓋聽眾真正喜歡的是佛光人講經說法的「事實」。

　　從傳播學的角度來看，講經說法所使用的語言，除了意指佛法，本身也是媒體；而這種媒體是藉由口頭傳播（講說）的。口頭傳播的特色，是即時性且有姿態表情的輔助以及有特定情境的制約；聽眾除了領受法益，還會感應到講說者特有的謦欬和現場眾人所營造的氣氛。這一點，佛光人的修為表現而能自我強化親切感，無疑的也超人一等：

　　　　二十幾年前，佛光山初闢草萊，一切因陋就簡，吃、住條件都不好，但奇怪得很，許多信徒都喜歡前來朝山拜佛。

有一天，我終於發現其中的原因了。一個炎熱的午後，臺灣省省議會組團來訪，臨別時，其中一位議員對我說：「謝謝你們的招待，在這裏覺得很親切，很有朝氣，和到別的地方不一樣。」另一位議員馬上接著說：「因為這裏的法師比較有表情。」

……

過去在大陸，師長出門作客，我隨侍在旁，都會一邊恭聽，一邊面露微笑，幫忙點頭示意。因為我們讓他們知道：雖然我是一個不起眼的後學，但是我是一個「活」人，我有靈敏的覺知，我有快速的反應。或許因為如此，師長們都喜歡帶我出去。及至來臺，慈航法師、妙果老和尚、智光法師、東初法師等前輩大德也很喜歡找我講話聊天，我想最主要的原因，是因為我和他們一樣，有哀喜的神情，有豐富的應對，彼此一來一往，所以話題源源不絕，氣氛「活」潑生動。（星雲大師，1997h：176～177）。

佛光山的信徒所以遍布海內外，佛光山的法師們這一親切的態度和「活」法的熱誠特能吸引人，應當也是重要的因素。以我自己的經驗為例，有一次星雲大師和我們幾位研究小組的成員餐敘，末了聊到佛誕節「代表食品」的問題。星雲大師徵詢我們成員的意見後，轉身問隨侍在側的覺念法師：「你覺得？」「糖菓呀，餅干呀……」覺念法師回答完，一逕的抿嘴笑起來。那笑容像春天花開，讓人驚奇得忘了遠道趕來而餘存的疲憊。爾後到佛光山海內外一些道場訪問，所見也都是這般活潑而不失莊重的威儀。有人研究成功的山頭傳播時，發現聲音（腔調）和表情（姿態）的衝擊力居然遠超過詞

語本身【像梅拉賓（A.Mehrabian）就說過一個訊息的整個衝擊力是下列公式的一個函數：衝擊力 $1 = 0.07 \times$ 言詞 $+ 0.38 \times$ 聲音 $+ 0.55 \times$ 面部表情（李茂政，1986：115 引述）】；我想佛光山上下未必都鑽研過傳播學，但在自然的流露中，卻使人覺得他們已經深得傳播三昧，合宜有那麼多信徒傾服追隨。而就我來說，感觸最深的還是佛光人在星雲大師的帶領下，所透顯出來的那種溫煦著禪悅法喜的風華，那是天性，也是修養，他人能趕得上的又有幾個？

第二節　音聲影視傳播

　　口頭傳播佛法猶有不足，再加上音聲影視的助緣，這是佛光山為擴大弘法效果而採行的對策。在佛光山，利用音聲影視傳播佛法多為創舉，它包括上廣播電臺和電視臺講經說法以及錄製弘法錄音帶、錄影帶、CD、VCD、DVD 等等。這一切都是為了傳教的「時效」或「空效」，也是為了趕上新時代資訊化、科技化的潮流：「佛世時，到四方教化是行腳托缽；玄奘大師西行求法，也是以步行走過八百里流沙；真諦三藏到中國，就應用了船隻；現在傳教又進步到汽車、飛機的文明產物。現代的小型弘法布教，有麥克風、音響、幻燈片、音樂、錄影機等現代器材之應用。大型的佛學講座，也利用了現代的科技，（如）電視、電臺、衛星轉播、投影機等，更配合音樂、舞蹈、燈光，乃至利用電腦、傳真，來統計、傳送資料」（星雲大師編著，1995c：470），因而締造了一個弘法的新紀元。

　　考察這段弘法史，可以追溯到 1957 年，星雲大師領導宜蘭佛教青年首創「佛教之聲」，於民本廣播電臺播出；而後有 1961 年的「覺

世之聲」、1983 年的「信心門」、1984 年在美國洛杉磯製作的「佛光普照」；1990 年，更於中廣、漢聲、天南等廣播電臺播出「禪的妙用」。此外，1979 年佛光山首開和中華電視臺協約先例，播出「甘露」單元劇集；1980 年於中國電視臺播出「信心門」；而到 1997 年初仍於中華電視臺播出「星雲法語」和中國電視臺播出「每日一偈」、「星雲說」等。終因新傳播媒體的運用，使得各階層的民眾都有機會吸收佛法的精華，而達到社會教化的功效（佛光山宗務委員會編，1997a：340）。1990 年底，更因自設佛光衛星電視臺再度將佛教弘法帶向更新的境地。也就是說，佛光衛星電視臺除了是兼具宗教、社教和娛樂等多功能的綜合性衛星電視臺，它還具有「鑒於目前教育體系的不盡完整，多年來（佛光山）雖辦過多所的佛學院、中學、大學，卻仍未能將佛法普及，唯有藉由電視臺媒體的傳播運用，才可無遠弗屆地把善的知識灌輸到每個人的心田裏，將佛法傳遍於世界五大洲」的作用；於是佛光衛星電視臺的開播，對教育就有「很大的貢獻，為佛教電視史上立下一重要的里程碑」（佛光山宗務委員會編，1999：29）。至於透過「輔助性」錄音帶、錄影帶、CD、VCD、DVD（甚至網路）等媒體弘法，而同樣可以達到「普及」的效果，也是佛光山三十多年來一直所努力的，那就更不在話下了。

雖然如此，佛光山的音聲影視傳播（甚至連前節所說的講經說法，從起步以來也不盡是那麼的順利，中間仍有一些挫折：「回憶我在宜蘭初次講經時，警察不准我公開說法，禁止我播放佛教幻燈片，他們所持的理由是：『你沒有向有關單位呈報申請。』在雷音寺弘法時，也有一些外道居民在殿外喧囂干擾；廣播電臺的佛學講座錄製好了，電視臺的佛教節目錄製完成了，卻因對方的負責人聲稱『限於目前當局政策，不希望富有宗教彩色的節目播出』，而臨時遭到封

殺的厄運；懷著滿腔熱情，想要到軍中、監獄為三軍將士及受刑男女作得度因緣，卻被冷冷地拒絕，問他們：『為什麼天主教的神父、修女以及耶穌的牧師可以到這裏傳教，而佛教僧尼卻被摒於門外？』他們答道：『因為出家人不宜進入說法。』再加追問『同是布教師，為何有如此的差別待遇』時，得到的只是更加冷漠的表情；臺北師範學院（即今臺灣師大）請我講演，海報都已經張貼出去，也無緣無故地被取消作罷；到公家機關禮堂說法，供奉佛像受到排斥……」（星雲大師，1999a：44～45），星雲大師已經道出了那些不堪回首的困蹇經歷。此外，還有更不可思議的事：

> 政治的導向與觀念的偏差，往往也使得弘法工作的推展倍增困難，最明顯的例子如：三十年前的臺灣，只准耶穌人士四處傳教，對於佛教的弘法活動卻不予認同；即使自己出錢製作電視節目，也遭有關單位駁回，說和尚不可上電視。有一回，我問他們：「連續劇中不是常有和尚出現嗎？」所得到的答案竟然是：「那是假和尚可以說法，真和尚不可以說法。」令人啼笑皆非。我告訴自己：「總有一天，我一定要扭轉這種不公平的待遇與似是而非的觀念！」（星雲大師，1999i：82）

真和尚先前被禁止上電視臺弘法，後來電視臺主動爭相邀約，到現在自己也辦了電視臺，弘法路四通八達，真是「此一時也，彼一時也」！這中間的「轉折」還可以再作探討（詳見第九章第一節），但星雲大師（及其所帶領的佛光山）那奮鬥不懈的精神，卻不得不令人動容：「經過多年的努力，我終於在 1979 年首開先例，製作中國佛教史上第一個弘法節目。此後，由『甘露』到『信心門』，由佛經

講座到『星雲禪話』，由『每日一偈』到『星雲法語』，我遊走三家電視臺，非但邀約不斷，而且從過去自掏腰包的自製，到現在（按：指 1994 年）電視臺自願出錢的內製。應觀眾要求而將節目內容付諸文字，所出版的書籍也收到外界出版商的喜好，紛紛前來洽商，希望我能給予他們出版的權利，想到佛法能藉此普遍流傳，我也都欣然應允」（星雲大師，1999i：82～83）。如今佛光人可以「優游」自己的電視臺，再也不必仰人鼻息或任人擺弄，這豈不是應驗了「天道無親，常與善人」（《史記‧伯夷列傳》）的古諺？這樣說來，弘法過程中的種種挫折或阻礙，就不是禍，而是福。爾後佛光山的一系列電視弘法活動，屢次獲得政府的頒獎表揚【如在中華電視臺播出的「甘露」節目，獲行政院教育部和新聞局頒贈「社會教育建設獎」（1979 年 9 月 4 日）；在中國電視臺播出的「信心門」節目，獲行政院新聞局頒贈「社會建設金鐘獎」（1982 年 2 月 27 日）；佛光山電視臺弘法委員會所製作的「信心門」節目，獲行政院新聞局頒贈「最佳社會建設獎」，而中國電視臺則因錄製「信心門」而獲行政院法務部頒贈「教化弘功」銀盾一面（1983 年 5 月 23 日）；在臺灣電視臺播出的「星雲大師佛學講座」節目，獲行政院新聞局頒贈「廣播電視社會建設金鐘獎」（1985 年 3 月 7 日）；在中國電視臺播出的「星雲禪話」節目，獲行政院新聞局頒贈「社會建設獎」（1989 年 3 月 25 日）；在中華電視臺播出的「星雲法語」節目，獲行政院新聞局頒贈「社會建設金鐘獎」（1991 年 3 月 1 日）等等（佛光山宗務委員會編，1997a：655～816）】，可見佛光山為音聲影視傳播佛法所寫下的新頁，足資世人矜式，也堪稱社會鴻禧。

　　當然，這種音聲影視傳播具有可以不斷複製和無遠弗屆的特色，遠比口頭的講經說法在傳播的恆久性和普及性上要來得強幾千

萬倍；但它同時也逸離了具體的情境（包括實體的環境、參與傳播者的社會關係和價值觀、參與傳播者的心理狀況以及傳播在歷史中所佔的時刻等等），無法考察接受者的「噪音」干擾或平衡關係（也就是接收者是否選擇性的注意、選擇性的感知及選擇性的記憶等，一概不得而知），以至有關的傳播效果和回饋情況，傳播者和旁觀者也就無從察覺和判斷了。再說面對著「冰冷且會使人智商降低」（相傳為詩人瘂弦語）的錄音器材或錄影器材，傳播者終究不及「臨揚」那樣的心理反應和情緒變化，接受者多少會減低「親炙」的熱衷或「同場」的快慰，而影響到傳播者想要鼓舞接受者學佛熱情和為法忘軀精神等目標的達成。因此，就音聲影視的傳播這一部分來說，究竟要如何評估它的實效（包括部分佛學界的朋友在座談中反應佛光衛星電視臺所播映的一些講經說法還可以再活潑化或生動化之類），在目前的確是個難題。不過，如果仍然把它當作傳教的輔助性措施，大家依舊可以看好它，畢竟機器還是能夠幫人「分身」做很多事情。

第三節　書局和別分院流通處

佛光山的佛法傳播，基本上都會或已經結聚成書籍和音聲影視等出版品，甚至因信守文字般若觀而刻意製作佛學叢書（詳見前兩章），這些都必須分送或流傳到讀者手中，才算了盡傳播事。這一點，佛光山也有可觀的成績可以敘述。也就是它除了透過一般文化事業單位所要仰賴的行銷網或行銷管道，此外還有自己專屬的書局和別分院流通處，專門販售佛教出版品（書局兼售別處出版社的出版品，

別分院流通處則專售自己出版社的出版品）。如果說出版品本身是第一級序的傳播媒體，那麼書局和別分院流通處就是第二級序的傳播媒體，一實一虛，共同結構了佛光山的佛法傳播（在講經說法和音聲影視傳播之外）的另一個面相。

在書局方面，佛光山統一命名為「佛光書局」（偶爾用「書坊」名稱，如位於臺北縣永和市的「滴水書坊」），而分布於國內外（目前在臺灣的有臺北市忠孝店和汀洲店、臺北縣三重店、彰化縣員林店、高雄市賢中店等；而在海外的有美國舊金山店、加拿大溫哥華店、澳洲雪梨店、香港九龍店等）。這些書局，在佛光山是基於「本著給人信心、給人歡喜、給人希望、給人方便的信條，為了讓佛教徒容易請購各類佛書及法物、佛教錄音帶、錄影帶（和影音光碟）等」而設立的，目的在「希望民眾多閱讀佛書，提升智慧，以明辨是非善惡，進而改善社會風氣，淨化人心」（佛光山宗務委員會編，1997a：271）。當中較早開設的是臺北市忠孝店（1978 年）和高雄市賢中店（1984 年），其餘都晚到九〇年代才設立。由於它們都只販售跟佛教有關的出版品，儼然是專業的書店，為現代社會最大的佛教出版品的集散地，不但方便愛好佛學者的選購，還成了發展專業書店的試金石（按：專業書店在國內並不多見，佛光山始終一貫而連鎖經營佛光書局，豈無他人勉為仿效而放手一試的價值呢）。至於在別分院流通處方面，它們都形同小型的佛光書局，二者設立的目的和功能實際上沒有多大差別。

縱是如此，佛光山並沒有忽略這種書局設在都會區所能夠發揮的「邊際效益」（第四、五節所要談的文物陳列館、美術館仿此），而附設所謂的「滴水坊」。它起源於「1994 年，星雲大師為使『以佛法闡揚真理，以慈悲激發善心，以藝術美化世間』的『真善美』

信念得以實現，首次在臺北道場成立佛光緣美術館。（同時）星雲大師為讓信眾在欣賞名家書畫作品後，能有個沉澱、回味、喝茶的地方，所以設立了『滴水坊』，取其『滴水之恩，湧泉以報』之意，以感謝十方大眾的成就」；此後佛光山派下的別分院（包括書局）也依需要陸續的在設置滴水坊，大家覺得「星雲大師賦予它的功能不僅僅是素食的提倡而已，更重要的是充實信徒的心靈世界與提升文化教育的內涵。因此，滴水坊與美術館、書局、文物館結合，成為一處具有文化、書香、藝術氣息，又可聽聞佛法的好去處」（佛光山宗務委員會編，1999：320）。可見佛光山「為了接引眾生學佛，為了實踐人間佛教理念」，「道場處處都蘊藏著接引眾生開悟的契機；即使是一個喫茶的地方，也都是有著無限的禪悅法味」（同上）。

最近幾年，佛光山更朝「文化廣場」的形態發展，如座落於臺北縣三重市的「佛光緣文化廣場」就是。「佛光緣文化廣場」樓高七層，於 1998 年 5 月正式落成啟用，而「這棟七層樓的建築物是座多功能的大樓，不但傳播文化訊息，也提供三重居民一個『以文會友』、『品茗靜修』的好去處。三重佛光緣文化廣場不僅統合佛光山北區三個文化單位：普門雜誌社、覺世月刊社、佛光文化公司，更在一樓設立佛光書局及佛教文物流通處，二樓置設滴水坊，供應精緻可口素食、茶點，是讓心靈沉澱，滌盡身心煩惱的清靜園地，七樓為佛堂兼圖書閱覽室」。這樣的設置，是基於「飲水思源，回饋鄉里，建立書香社會的精神」而考慮的；它有一段前因後果，也就是「佛光山開山之初，星雲大師即提出以文化弘揚佛法的呼籲，並致力於佛教文化的推動，早於 1959 年就在三重埔設立『佛教文化服務處』。當時在此負責的慈莊法師可說是歷經種種艱難，自香港請回佛經，並展開每月印經的工作，所印的《普門品》等經典，印刷精華，開

創了佛教印經的新紀元。幾年後，佛教文化服務處遷往高雄，服務範圍擴大，佛教文化發展更是一片欣欣向榮。而今佛光緣文化廣場再度於三重誕生，不僅代表承先啟後，更象徵著佛光山的文化事業將邁入一個更新的里程碑」（佛光山宗務委員會編，1999：318）。此外，還有所謂「文物中心」的設立，如附設於美國聖地牙哥佛光山西方寺的「西方佛教文物中心」就是。「西方佛教文物中心」樓高三層，於 1993 年 7 月正式開幕；其中「一樓為西方佛教文物中心，服務項目包括：各種中英文佛書、經像、法物、佛教錄音帶和錄影帶（及影音光碟）、素食罐頭、素食材料等。二樓設有六間教室，提供『西方寺文化技藝訓練中心』之用。三樓有九間套房，供信眾掛單之需」（佛光山宗務委員會編，1997a：192～193）。這等於是小型的文化廣場，同為佛光山新興文化事業的一環。

　　另外，佛光山還有一項巧思，就是仿各種巡迴車而成立的「雲水書車」（專販售佛光山的出版品）。它是「為實現星雲大師『有陽光的地方就有佛光，有流水的地方就有法水』的理念，及為讓書香社會遍滿人間」，而於 1998 年 1 月「應運而生」的。而「所謂『雲水』，就是到處雲遊；而雲水書車就是以流動的書車，深入到偏遠鄉村的每一個角落，以方便民眾選購，自然有別於在定點為讀者服務的傳統書店」。這項創舉，「不但可以提升佛教徒讀書購書的風氣，更是民眾心靈的加油站。舉凡佛光文化事業有限公司所出版的各類佛學經典、叢書、錄音帶、錄影帶、CD 片等，都是雲水書車服務的項目。為達到人人能深入經藏、智慧如海的理想，以及希望佛法普及各階層，服務對象更是不分男女老幼，人人可以根據自己的需求，購得所喜愛的圖書」（佛光山宗務委員會編，1999：328）。雲水書車是佛光山的流動書局，將使得以文化弘揚佛經的理想更進一步的落實。

　　也許有人會質疑佛光山興辦這麼多文化事業，所賺的錢（其實不是每一個單位都能收支平衡）都到那裏去了？這點佛光山早已有所回應，所謂「本山在經濟制度方面，佛光人不私建道場，不私自化緣，不私蓄錢財。每個人都能秉持『無私』的原則共事，一切收入，涓滴歸公，信徒的供養也依法交給常住處理，充作僧伽福利基金。而且管錢的人不可掌權，當權的人也不能管錢……很多人看到佛光山道場遍布於海內外，想當然耳的說『佛光山很有錢』。其實這對佛光山是一種汙衊，佛光山不是一個積聚金錢的地方，而是資源再分配的中心，『佛光山並不是很有錢，而是善加運用淨財，日日難過日日過罷了。』山上人眾依經歷及職務，每月向常住支領（微薄的）單銀……至於財務來源，部分依靠佛教事業，自給自足。佛光山出家、在家眾共數千人，還要辦教育、作慈善、興寺院，自然背負龐大財務壓力，必須有一些自主性財源，以維持基本生存。因此，開辦了佛教文物流通處、雜誌社、出版社、幼稚園、中學、（大學）、甚至朝山服務、經懺佛事、法會等，寺院油香一切均為淨財。許多人對本山這種『多元化發展』不以為然，批評為『做生意』，但『佛教徒不是社會逃兵，也不必仰賴社會養活，應以自己的能力換取所得。況且辦道修行，要先自己不虞匱乏』，才能服務社會、貢獻人羣。佛教取諸社會，也應對社會有所回饋，這是佛光山要發展事業的基本原因。」……」（佛光山宗務委員會編，1997b：80）。這種「十方來十方去共成十方事，萬人施萬人捨共結萬人緣」（同上）的做法，就是所謂的「非營利事業」的關鍵所在（詳見第二章第四節）。外界不了解佛光山內在的運作情況，僅就某些表面現象而作過度的論斷，不但不公允，而且還會斲傷菩提心和慈悲心在社會的生根。

第四節　文物陳列館

　　書局和別分院流通處專門流通佛教出版品，此外還有一些意不在流通而在典藏的佛教文物，就必須別為處理，而有所謂「佛教文物陳列館」的設立。佛教文物，不論是佛像舍利還是法物器皿或是繪畫書法，都具有象徵意義：一邊代表著物在法在，一邊代表著法流普泛。而佛教文物陳列館就是集中（二度）在傳播這些兼具審美和法益價值的藝術品。佛光山在總本山和別分院設立佛教文物陳列館（別分院多取名為寶藏堂或寶藏館以示區別），也是佛教界的首創。

　　佛光山佛教文物陳列館的創建，全是源自星雲大師有感於「時代在進步，為提高生活品質，結合宗教與藝術，建設佛教文物陳列館，希望藉此充實大眾精神生活，提高大眾對佛教文化的體驗，對藝術生活的追求」而實地成形的（佛光山宗務委員會編，1997a：272）。總本山的佛教文物陳列館，興建於 1974 年，1982 年春節開放參觀，1989 年館內部分重新裝潢整修而再現新姿（同上）。當初在興建時，星雲大師就表達了下列幾點用心：第一，響應政府發揚文化政策：當時國內到處發起興建文化中心，維護古物，發揚文化，佛光山也隨喜這份功德，從佛教的立場，來保護中國佛教的文化遺產。第二，提高社會大眾精神生活：要提高生活的水準、生活的品質，必須做到從物質生活的享受而到精神生活的追求，從精神生活的追求而到藝術生活的體驗。當時物質資源雖然已經相當豐富，但精神生活卻非常貧乏，更遑論向宗教、藝術，乃至於真善美的意境去追求。第三，加強社會教育工作：館內陳列佛器物、字畫等文物，以介紹佛教的歷史源流，使人觀賞後，增加佛法常識，了解宗教對

文化、藝術的影響，在寓教於樂中上了一課簡易的中國佛教史（佛
光山宗教委員會編，1987：212～213）。

至於佛教文物陳列館中相關佛教文物的取得，也可以想像整個
過程充滿著艱辛。以總本山的佛教文物陳列館為例，「館內的佛像、
法器、字畫等文物，幾乎全是開山大師三十多年來，奔波於海內外
請購、蒐集得來的。為了防止古物在運輸過程中受損，經常由大師
親自搭乘飛機，捧在膝上一路攜回；有時往往做到膝麻腿酸，無法
站立……佛教文物蒐集之艱難，可見一斑。也有十方緇素大德供養
布施大師的。更有些是信徒了解了文物展示的崇高價值後，發心奉
獻的」（同上，213）。我們研究小組到澳洲南天寺、南非南華寺參訪
時，據陪同的法師告知，當地館內文物的蒐集也是歷經千辛萬苦。
可見佛光山上下為了多方延續佛教慧命，已經忘勞忘軀了。

為了「一窺」佛光山所珍藏的文物，仍且以總本山為例，略作
探討。總本山的佛教文物陳列館，所藏有來自世界各國的石雕、牙
雕、木雕、銅鑄、陶器、瓷器等各種不同質地的佛菩薩像、羅漢像、
西藏密宗各類法器；有琥珀、水晶、象牙、人骨、獸角、琺瑯、瑪
瑙、檀香木、核果、菩提子等琳瑯滿目的唸珠（且每一質料都有多
種類型，還有的粒粒都鑲著佛像或巧雕羅漢，更有難得一見的一百
零八顆的手工織線唸珠──這是星雲大師一行人在印度朝聖，一位
印度婦女感受星雲大師的恩惠，當下織成而呈獻的）；有國立歷史博
物館曾經借展的手繪八相成道、九品往生圖、太虛大師和弘一大師
的墨寶真跡（等）以及佛教最早的貝葉經典、乾隆皇帝親筆的《般
若心經》、近百年的曼荼羅、名畫家和名書法家作品數百件等字畫；
其他文物如被視為佛光山鎮山之寶的嘉慶皇帝賜給寵臣顏檢的中國
古物玉如意，以及長約五公分、寬約二公分的毫芒牙雕《妙法蓮華

經・觀世音普門品》偈文五百二十字，也都是稀世珍寶（佛光山宗務委員會編，1987：211；1997a：272）。此外，佛教文物陳列館佔地約八百坪，外觀呈ㄇ字型，是模仿敦煌石窟及中國傳統宮殿造型建築而成；正門石階上有拜月臺，呈半月形狀，三環半圓邊代表著三界，分別以象、鶴、蓮花表示，圓心部分呈平滑型，代表著圓滿、涅槃的境界；而館內則分為萬佛殿、華藏世界、佛陀館、佛教徒分布館、字畫館、舍利殿、法務館、佛像展示區、三千大千世界等區域，美侖美奐，本身也成了上等的藝術品（不再只是傳播佛教文物的傳播媒體而已）。

其實，佛光山所蒐集的佛教文物，未必全存放在佛教文物陳列館，它也可能陳列在室外或壁龕，成為寺院造景的一部分（如總本山從緬甸、泰國、斯里蘭卡、中國大陸等地迎回的一百多尊玉佛，就大部分安座於玉佛樓外敦煌式的佛龕中；而從中國大陸迎請的漢白玉雕刻而成的五百尊羅漢，就是全部妥置於不二門和靈山的勝境兩側）。這些都是緣於星雲大師的現代佛教（人間佛教）要「藝文化」而創發的：「幽微高深的佛法透過藝文的傳媒，可以收到三根普被、事半功倍的效果。因此，把佛教、藝術、音樂、文學等融合於一爐，一直是佛光山孜孜矻矻、努力不懈的工作。佛光山在美國、法國、澳洲、臺灣本土，一共設立了九個美術館（按：現在已超過此數），定期展出名家雕刻、繪畫、書篆、陶塑等藝術精品，並且舉辦數次的書畫義賣。開山三十年，佛光山設置了百人名家碑牆，刻鏤佛門高僧、歷代賢臣名人的懿言嘉句。佛光山在國家戲劇院、國家音樂廳，乃至香港、澳門、美國等重要音樂廳，舉辦梵音海潮音，以音樂來詮釋佛教的寂靜之美。滴水坊既寓意『滴水之恩，湧泉以報』的感恩思想，更把禪與茶道的智慧巧妙地結合在一起。凡此種種，

都是佛光山把佛教藝文化的實踐證明」（佛光山宗務委員會編，
1997b：7），其中佛教文物的蒐集展示，更是這藝文化的重要一環。
而它也的確發揮了極大的弘法效果，不但被譽為「佛教的博物館」
（總本山的佛教文物陳列館也是東南亞第一座佛教文物陳列館），
多年來更是海內外佛教界緇素大德、各國政要、國賓等蒞臨佛光山
的必到之處（佛光山宗務委員會編，1987：213；1997a：273）。將
來佛光山還可能建立更大規模的「佛教博物館」（據佛光山多位法
師口頭告知），屆時大家一定會再次感受到人間佛教的另一番美的
氣象。

第五節　圖書館和美術館

　　從整體來看，佛光山始終都設想周到的在因應處理佛法的傳
播，如言說般若，則有講說和音聲影視的重視；文字般若，則有行
銷網、書局和別分院流通處的轉出；類文字或類言說般若（佛教文
物），則有佛教文物陳列館予以保存釋繹。意仍未愜，則別設圖書館
和美術館以為多功能佛法傳播的媒體。曠觀古今，還沒有一個佛教
團體能如此善加利用各種可能的管道續佛慧命。

　　佛光山創辦圖書館，一方面是基於辦教育（包括僧伽教育、社
會教育和信眾教育）的需要；一方面是為了便利佛法的弘揚。所謂
「深入研讀諸經典，廣學世間一切學問，是菩薩所必須修行的功課
之一。為鼓勵並方便僧俗大眾精勤讀書，早入智海，開山大師不惜
斥資於世界各地興建圖書館、圖書室，大量購置圖書，以利學習者
使用。今日，不論是本山或別分院，均設有圖書館或圖書室，不僅

弟子，甚至信徒、一般社會大眾或學生，都能於館中深入法海，共享般若妙慧」（佛光山宗務委員會編，1997a：274），就為圖書館能兩利學子教育和深刻弘法作了最好的說明。此外，佛光山的圖書館（別分院多稱圖書室或閱覽室），都是隨著寺院的擴增而興辦，以至圖書館的點數越多，也就越象徵著佛教文化蓬勃發展；所謂「佛光山派下所設立的圖書館數量之眾多及普遍，藏書之豐富多樣，設備之新穎完善，服務之周到廣泛，充分可以感受到開山大師重視佛教人才之培養、促進佛教文化工作之苦心孤詣……大師真是善知佛教命脈所繫，並且是實際推動佛教文化前進的那一雙慈悲的手」（佛光山宗務委員會編，1987：221），這說的一點也不誇張。對於吸納相關的佛教出版品而再轉傳播上，圖書館的確發揮了無可估計的功能，於佛教文化的推展具有莫大的作用。

　　目前佛光山的圖書館，可以區分為二類：一類是對內開放的圖書館，如總本山的徒眾專用圖書館（如女眾學部圖書館、大慈庵圖書館、男眾學部圖書館、叢林學院圖書館、國際學部圖書館等）、所屬學校的圖書館（如大慈育幼院兒童圖書館、普門中學圖書館、西來大學圖書館、南華大學圖書館等）及少數別分院的徒眾專用圖書館（如圓福寺圓福學園圖書館、福山寺福山學園圖書館、北海道場男眾學部圖書館、極樂寺基隆學部圖書館、海外別分院所屬佛學院圖書館等）等；一類是對外開放的圖書館，如總本山的民眾專用圖書館（如佛光山民眾圖書館——按：佛光山於 1997 年封山後，此圖書館悉數移入南華大學圖書館，現在已停止運作）、向政府立案的財團法人體制的圖書館（如新竹無量壽圖書館）、少數別分院的民眾專用圖書館（如雷音寺民眾圖書館、圓福寺民眾圖書館等）及多數分院僧俗共用的圖書館（或圖書室或閱覽室）等。其中總本

山的女眾學部圖書館，所藏書籍數萬冊，是佛光山派下各別分院中，藏書最多、內容最豐，甚至也是國內佛教界中首屈一指的藏書所在；它網羅了各種版本的大藏經（包括頻伽藏、鐵眼版藏、磧沙藏、大正藏、卍續藏、南傳大藏經、高麗大藏經、藏文大藏經、梵文大藏經、巴利文大藏經、佛教大藏經、中華大藏經、佛光大藏經等）及各類工具書、佛學叢書、經部、律部、論部、各大宗派、各類雜誌等。此外，在世間學方面，也收藏有資治通鑑，文淵閣四庫全書、古今圖書集成、四部備要等多種叢書及多種經史子集叢書、百冊以上中文工具書等（佛光山宗務委員會編，1987：213～215）。另外，南華大學於南華管理學院階段，就徵集到三十多萬冊書，也相當驚人；而它所持「圖書館的創設既以支援教學研究、提供讀者服務為宗旨，同時亦秉持人文與學術關懷之精神，尊重讀者為良性的閱覽使用權利為提前」等理念，以及努力在設置「整合性圖書館自動化系統、光碟網路及全球資訊網頁」和未來將持續建立「各類專科及整合性服務，以提供更有效的研究支援」等作為（南華管理學院，1997），更使佛光山系統的圖書館運作方式走上時代的前端。

　　至於美術館方面，佛光山或稱為「佛光緣美術館」，或稱為「佛光緣文物展覽館」，或稱為「佛教文物展覽館」，並未統一名稱；但都是為實現星雲大師「以佛法闡揚真理，以慈悲激發善心，以藝術美化世間」的「真善美」信念而設立的（佛光山宗務委員會編，1997a：276）。目前在臺北、臺南、高雄、屏東、臺東、美國洛杉磯、法國巴黎、澳洲雪梨、南非布朗賀斯特和總本山都有這類美術館；而美術館的內部，大多除了設置展示區以展示所典藏的文物，還設置邀展區和特展區以跟各大公私立博物館、美術館展品交流巡迴展示及

提供藝術工作者申請展覽（甚至也提供各大專院校、藝術研習班舉辦畢業美展），儼然是地方公立文化中心的延伸，且為地方營造了一個美的心靈饗宴的好場所。就像有一次，由佛光山文教基金會和震旦文教基金會在總本山佛光緣文物展覽館聯合主辦一項「佛教東傳二千年——佛教文物暨地宮珍寶特展」（2000 年 5 月 5 日～7 月 30 日），展出二百三十八件作品，其中一百件是屬於相當罕見的「地宮珍寶」，包括高僧的舍利子、舍利瓶、金棺、銀槨、石函、法器等等；此外，另一百多件的「佛教文物」，也有的遠至西元二、三世紀古犍陀羅時代難得一見的佛像，以及中原的南北朝、唐宋、明清以迄臺灣當代珍奇的佛教藝術品。這個集文化、教育、學術、藝術等而融於一爐的佛教藝術活動，除了被期待「引起大家對佛教藝術的欣賞及共鳴之餘，喚醒大眾注意眼耳鼻舌身意等六根的藝術，而將自己美化起來；並且欣賞藝術之美，進而激發內心的宗教情操，長養善根」（慈容法師，2000a），應當還有可以開闊大家的藝術視野和締造了跟外界合作共創審美奇遇的典範等作用。可見佛光山所創辦的美術館，還有一段屬於「無心插柳」的美談，等著被人記上一筆。

　　實際上佛光山的圖書館和美術館的存在，並不僅止於陳列圖書供人借閱和展示文物供人欣賞而已，它們還搭配舉辦許多定期或不定期的動態活動，如專題講演、放映影片、才藝研習等等（美術館方面還有觀摩實習、館外參觀及國內外文物展覽館交流巡迴展出等活動）；使得這兩個單位成了道道地地的多功能佛法傳播的媒體，而讓佛光山的弘法活動能更細微親善的進駐大眾的心靈。這一部分，理當值得大家激賞，個人無從多按一語。

第六節　其他

　　上述種種，只是舉舉大者，還不能盡括佛光山為傳播佛法所作的努力。其他諸如法會經懺、文學獎、哲學獎、攝影獎、學術會議、宗教交流、佛學會考、七誡運動、慈悲愛心列車、三好運動、假日修道會、梵唄音樂會、迎佛牙等活動的舉辦（佛光山宗務委員會編，1987；1997a；1999），都是傳播佛法的好機會，也為佛光山帶來了空前的聲譽。

　　這一切，可以說全是星雲大師那一「弘法方式應該與時俱進」（也就是現代化、生活化、大眾化、國際化之類）的理念所促成的。所謂「弘法的內容固然需要順應人心，弘法的方式也應該與時俱進。所以我們應該走入人羣，到鄉間的廟口宣道，到國家的殿堂講經，到三軍陣營開示，到各級學校說法，到機器聲不斷的工廠布教，到受刑人聚集的監獄指點迷津。我曾力排眾議，用音符樂曲來弘揚佛法，以聲光化電來敷演妙諦。我也改變傳統講經形態，有時採取座談方式，一起研究討論；有時前往家庭普照，與信徒們接心；有時召開會議，大家報告心得；有時舉辦活動，彼此聯誼交流……弘法方式的現代化已經成為時勢所趨，未來我們還要邁向『國際化』的新里程碑。因為佛陀說法總是以三千六千世界的眾生為對象，佛教的弘傳當然也不能侷限於一時一地為滿足。所以我在佛光山開辦國際學部，培訓國際弘法人才；我創建國際佛光會，統籌世界各地的佛教資源，遍灑菩提種子於十方；我設立國際弘講師、檀講師制度，結合僧俗四眾的力量，在海外廣宣妙諦；我發起佛教委託研究，獎勵世界有心之士探討佛教國際化的各種問題；我召開國際佛教學術會議、國際禪學會議，我補助中央大學召開文學會議，我支持一些

美學研究，期使學術界也能互相交流；為了提倡佛教融合，我舉行世界顯密會議、國際僧伽講習會，增進世界各宗派之間的團結合作；如今（按：指 1996 年）我又開始籌劃國際佛教金剛會議、國際佛教婦女會議、國際佛教義工會議、國際佛教青年會議……未來佛教的弘法若能走向國際化，必定能使眾生蒙福更多」（星雲大師，1999b：82～84），正為佛光山所從事種種的佛法傳播作了最好的解說。而事實上，佛光山透過這些多樣化或不拘一格的活動的舉辦，佛法正一點一滴的深植人心，也使佛教重新在國際舞臺上綻放異彩：

> 剛開始到宜蘭傳教時，我辦了各種接引年輕人的活動。有些青年不喜歡枯燥的定期共修法會及佛經講座，常常藉故缺席，卻興高採列地參加佛教歌唱、國文導讀等課程。旁人常勸我不要白費心機，並且跟我說：「這些青年沒有善根，只是貪圖有歌可唱，或想免費補習國文，預備將來考學校而已！他們不是真心信仰佛教的！」我一笑置之……沒想到日後這些青年，如慈惠、慈容、慈嘉等人，均紛紛皈依佛門，到了今天，他們都成了佛教界的翹楚。《金剛經》云：「所謂佛法者，即非佛法，是名佛法。」音樂歌唱，只要運用得當，也不失其度眾的「價值」。馬鳴菩薩不就「利用」一曲自編的〈賴吒和囉〉，而使得華氏城中的五百位王族弟子同時悟道出家嗎？（星雲大師，1999f：18～19）

> 近來，臺灣社會治安敗壞，重大刑案一再發生，人心惶惶，不可終日，甚至一些民間團體在市街遊行，要求政府提出革新社會的方案。一時之間，臺灣社會問題成了社會大眾最為關心的話題。與我素昧平生的名教授邵玉銘先生在一次

電視訪問中談及此事，竟然說道：「臺灣要淨化心靈，只有星
雲大師出來才辦得到！」我輾轉耳聞，除了感謝他的過譽之
外，更覺得自己應該身先士卒，為社會安定盡棉薄之力。不
久之後，我發起「慈悲愛心列車——環島布教」活動，倡導
社會安定是每一個人的責任，喚醒大家應從自己做起，除了
褐櫫去十惡、守七誡的德目之外，更主張要日行一善，「圖利
他人」。只見「慈悲愛心列車」所到之處，均受到民眾熱烈歡
迎；許多人扶老攜幼全家一起共襄盛舉，他們頂著烈日，冒
著大雨，跟著我們一路走下去，希望能走出臺灣和諧、安定
的康莊大道。有的人甚至搬出家中的飲食果蔬送給沿街布教
的佛光會員們解渴止饑……（星雲大師，1999d：114～124）

　　憑著愈挫愈勇的精神，近十年來，我將腳步拓展到海外，
在國際間作了許多突破，像顯密所屬教派，彼此間欠缺溝通，
1986 年，我在佛光山舉行世界顯密佛學會議，讓漢藏佛教人
士在一起促膝暢談，建立共識，此後彼此互有往來；海峽兩
岸自從 1949 年之後，一直處於對立的狀態，我率領「弘法探
親團到大陸弘法探親。1988 年的世界佛教徒友誼會在西來寺
舉辦，我讓兩岸代表首度坐在同一個會議廳裏面開會，贏得
全場人士不絕於耳的掌聲及欣喜交加的熱淚；僧信組織自古
有之，可惜彼此向來缺乏聯繫，甚至有各行其是之憾，1992
年，我為信徒成立國際佛光會之後，和佛光山僧團互相配合，
有如人之兩臂，鳥之兩翼，在弘法渡眾方面發揮前所未有的
功能，也為僧信融和作出了良好的示範；南傳國家的比丘尼
戒因戰亂及上座比丘把持等原因而失傳達兩百年之久，我經
過多次的努力，於 1998 年 2 月，在佛教的祖國——印度菩提

伽耶舉辦國際三壇大戒，讓兩百多位大小乘比丘尼在二十六
位大小乘戒師的證盟下如願頂受具足戒；就在此時，西藏貢
噶喇嘛表示願將其教派珍藏已久的佛牙舍利贈送給我，許多
人問他，國際佛教界人士這麼多，為什麼獨鍾於我？他舉出
上列諸項事實，回答大家：「因為星雲某人在國際間具有『舉
重若輕』的地位，所以我們相信他能夠妥善保存佛牙舍
利。」……（星雲大師，1999i：253～254）

星雲大師的這幾段敘述，也恰好可以為證。而佛光山這樣時時刻刻
都在想辦法開拓傳播佛法的管道，無形中也改變了傳統佛教消極「應
世」或「避世」的形象；從此佛教不再是政治或某些權勢的附庸，
而是獨當一面且積極在引導時尚了。

第八章　佛光山的佛教藝術

第一節　寺院建築和造景

　　佛教在長期的演變過程中，不斷地跟世間學交流互動，也發展出所謂的佛教文學和佛教藝術來。而不論是佛教文學還是佛教藝術，都徵候了佛法的世間覺。換句話說，佛教文學或佛教藝術的創作者，將他們對佛法的體驗或感悟，藉由語言文字或線條色彩或音符旋律或肢體動作或金木石材而巧妙的予以呈現，就成了佛教文學作品或佛教藝術品。這在佛光山也表現得相當出色，而需要一章的篇幅來作專門的敘述討論。

　　在實際的敘述討論前，必須先聲明二點：第一，一般所說的文學和藝術，都是文化的表現系統下的次系統，它們以比喻（文學所用）或象徵（文學和藝術都用）的方式表演呈現（徵候）文化的終極信仰、觀念系統和規範系統（周慶華，1997a：118）。不過，除非個別談論，否則論者就只以藝術來概括，而底下再分實用藝術（如建築、園林、工藝、書法等）、造型藝術（如繪畫、雕塑、攝影等）、表演藝術（如音樂、舞蹈等）和語言藝術（如詩歌、散文、小說、戲劇等──合稱為文學）或分時間藝術（如音樂、文學等）、空間藝術（繪畫、雕塑、建築、書法、篆刻、工藝等）和綜合藝術（如舞蹈、戲劇、電影、複合媒體等）【亞德烈（V.C.Aldrich），1987；彭吉象，1994；虞君質，1987；孫旗，1987；郭育新等，1991；陳瓊

花，1995】。這裏為了避免「單薄」論述而影響體例的均衡，以藝術標題，而把文學列為其中一項。第二，所謂佛教藝術，它的類別並不僅指大家所熟知的相關佛教的繪畫、音樂、舞蹈、建築、雕塑等等，而是還可以包括比較容易被忽略的諸如僧服、僧鞋、鐘磬、法器、寺院園藝、法會布置等等（陳清香等，1993；吳焯，1994；曉雲法師，1994；丁明夷等，1996）。但這裏受限於主題（為能彰顯佛光山的人間佛教性格），實在無法全部囊括，只得權宜的選擇佛光山在相對上具有獨創性的藝術品，作為論述的對象。此外，藝術品作為象徵性的文化產品（徵候佛法），有些本含在佛學出版品中（如文學作品、影音光碟裏的梵音樂舞等）或彼此相互蘊涵（如寺院建築就含有其他藝術品，而其他藝術品也會介紹寺院建築），這裏基於論說的方便，才把它們拆開來或獨立出來討論。

接著就先談佛光山的寺院建築和造景。寺院除了用來安僧渡眾，本身也是佛法的象徵。佛光山在這方面的表現，頗有凸出於傳統佛教的地方：這不只是它特別宏偉壯觀、氣派懾人，還包括它面面俱到的人間淨土構思。以現在所見的規模來說，總本山的建築格局，是世上所罕見的。一方面它仿照中國大陸的名剎叢林而創建了一個「標準」或「新穎」的佛教聖地（它一起融攝了浙江普陀山、山西五臺山、安徽九華山和四川峨嵋山等四大名山所象徵的悲智願行精神；它們分別是大悲觀世音菩薩示現的道場、大智文殊菩薩示現的道場、大願地藏王菩薩弘化的道場和大行普賢菩薩示現的道場）（釋慈莊，1999：65～68）；一方面它的制度設備又能整體因應人一生所會遭遇的老病死、教化、職分和成就等問題（總本山由五座小山組成，各館殿建築有序，狀如蓮花瓣，且都為安僧渡眾而設計，極富人性照應和社會關懷）。此外，為了擴大弘法和利生的功效，還

不斷地吸取現代科技的菁華，或改善內部設備，或增添外部館舍（如1998年初竣工啟用的雲居樓，是一座全鋼骨結構且多功能用途的現代化建築；樓高八層，地上一、二層樓挑高五、六米，沒有半根支柱，最為人所稱道），務必要使佛光山成為一座集古今中外佛教文化、教育、弘法、慈善、朝聖、觀光於一體的僧信平等的道場勝地，以落實人間佛光淨土的理想（佛光山宗務委員會編，1987：105～141；1997a：57～96；1999：370～372）。至於別分院的建築，不論是接收還是買現成或是新建，規模固然不及總本山，但也都秉著同樣的精神在運作，這就不必細述了。

　　有人追溯中國佛教寺院建築的源流說：「最早見於記載的佛寺是漢永平十年（西元67年）天竺高僧下榻的洛陽白馬寺，該寺是利用原來接待賓客的官署鴻臚寺改建而成的。『寺』本是漢朝的一種官署名稱，此後成為中國佛教寺院的專稱了。由於中國早期的寺院多為官吏、貴富施捨現成的官署或私邸所成，所以最初的佛寺就是按照漢朝的官署布局建造的。這種『捨宅為寺』的風氣，使得這類住宅式寺院以『前廳為佛殿，後堂為講堂』為特點，並將府第住宅與寺院融為一體。佛寺在以後兩千年的發展歷程中，一般都採取這種中國本土傳統的院落形式，並一脈相承，使之成為中國佛教建築的基本特點之一」（鮑家聲等，1999：3～4）。這也一併道出了中國佛教寺院始終像中國傳統宮殿或院落的原因（其他地方的佛教寺院就別有模仿）。佛光山的建築樣式自然也不脫離這個傳統，但有關它的布局和內部陳設卻已超過傳統的規範；因為那是除了收攝中國大陸四大名山建築的精神，還參照世界各國佛教聖地建築的風采以及加上自己的創意，多方融合建造而成的兼具傳統和創新特色的現代寺院。此外，一些非都會區寺院的造景，也頗有傳統園林的格調，或

亭臺樓閣，或曲徑流水，都能令人賞心悅目。其中佛光人經營最久
的總本山，尤具特色，它「不僅只有宏偉的建築與莊嚴的佛殿，山
上的花草樹木、池園石階更是開山大師苦心孤詣的心血灌注，一景
一境皆寓意著醒世弘法之機；再配上自然天成的鳥叫蟲鳴，清風吹
拂，使人心曠神怡的有如置身佛國淨土。無怪乎名作家公孫嬿先生
說：『佛光山的一草一木，一石一階，都孕藏了玄機；這都是經星雲
大師施以再造化之功的成果。』誠所謂『一花一世界，一葉一如來』
也」（佛光山宗務委員會編，1987：141）。以當代兼顧生態、環保的
眼光來看（有關寺院建築和生態、環保的關係部分，參見釋傳道主
編，1996），佛光山的叢林道場無疑的也都具有典範性，值得世人懸
想記取。

　　如今佛光山所以有這樣的規模，別分院遍布海內外，這自然是
得力於星雲大師的精心擘劃和弟子的共同成就。星雲大師曾經自述
道：「二十七歲時，我籌建高雄佛教堂，此後又興設壽山寺，開闢佛
光山，及至別分院的陸續成立。直到現在，雖說已參與過不少建築
工程，但是我從不掉以輕心；非但不妄加臆測，也不完全依賴藍圖
底稿。我總是利用奔波弘法的空檔，頻頻到現場勘察，以手腳代替
量尺，以人頭代替實物，來估算房屋大小，設計區間隔局。用這種
實事求是的精神來辦事，固然費時耗力，但是可以一勞永逸，使得
殿堂樓閣都能在莊嚴中不失實用，在現代中融和傳統」（星雲大師，
1999f：36～37）。一個謙稱「從未學過建築工程及室內設計」的人
（星雲大師，1999d：173），是以這樣敬慎務實的態度在面對寺院的
建設，其用心過人可想而知。至於弟子追隨星雲大師的腳步而共同
成就部分，就不言可喻了（詳見第四章第三節）。這當中還有一段小
插曲：「記得在開山之初，我也請了一名劉姓建築師幫我設計了一座

寺院大樓的藍圖，當他將設計模型拿給我看的時候，眉飛色舞地說道：『這棟大樓的建築即使在一百年之後，還是很合乎時代潮流。』我當即告訴他：『一百年之後，我們都已經不在世間了，更何況寺院建築最重要的是莊嚴、實用，不在於式樣新潮。』因此，佛光山就沒有再請過建築師設計」（星雲大師，1999b：166～167）。可見佛光山還是有所為有所不為，建設現代化的寺院，卻不亂趕時髦而有違佛教立場。

在星雲大師的構想中，現代佛教的寺院建築，要能滿足「傳統與現代結合，僧眾與信眾共有，修持與慧解並重，佛教與藝文合一」的理想要求（星雲大師，1999d：205）；以至「寺院像加油站，能為人加油；寺院像發電廠，能為人充電；寺院像百貨店，能讓人選取所需的佛法；寺院像醫療所，能診治心病；寺院像慧命家，能長養心靈所需的養分」（星雲大師，1999f：245）而始終發揮它的最大的功效。因此，寺院對佛光山來說，不但能藉以舉辦各種法會、共修、教學、學術等活動以凝聚信徒，而且還能提供派下弟子實習弘法的機會以實踐其生活化、人間化的理念。它是道道地地的「現代」的佛教藝術品。

第二節　典禮法會的布置

在某種程度上，宗教可以說有著「藝術化」（美學化）的傾向，它跟藝術幾乎分不開來。所謂「出會是迎神，也是藝術；舞蹈是祭神；詩歌是讚頌；音樂是悅神；繪畫、雕刻是宗教的象徵。佛教的經典，基督教的新舊約，是崇高的聖經，也是最美麗的文學」（許大

同，1983：137），正點出宗教和藝術，是「一體兩面」的關係。此外，宗教的「教義、儀式、典禮等等，都帶有相當多『煽動式』的語言；而傳教士或宗教徒在進行禮讚或呼求時，也充滿著曼妙的肢體動作；甚至宗教本身所擁有的器物、音樂、繪畫、建築等必須品或輔助品更是直接呈顯出宗教的藝術性格」（周慶華，1999c：序1）。佛教作為宗教的一支，在藝術化上向來就不落人後；而佛光山以振興佛教自居，當然也不乏傑出的表現。

　　這一節要繼續探討佛光山相關的典禮法會的布置。一般大多只看星雲大師的「佛學講座與弘法大會，向以開大座升講的方式著稱，會場力求莊嚴盛大，不僅有法師團在座前梵唄經誦，且擅長以乾冰、樂舞等營造現場聲光效果，令人如臨法華勝境」，以及星雲大師本人「明析流暢的妙引妙喻，極為引人入勝、與其說他是為聞法聽眾開一劑清涼補，到不如說是給人充滿歡喜與活力的一方溫補、熱補」（康樂等，1995：139），而較少注意佛光山教團在各種典禮法會現場所作華美或雅致布置的用意和藝術價值。我們知道，典禮法會是佛教重要的儀式，它的團結凝聚教徒的功能，一向沒有人敢小覷。而佛光山在這方面又特能帶動風潮，頻密的舉行；它考察到「大多數人的學佛因緣，除了生長在正信的佛教家庭，從小種下菩提種子之外，大部分的人，或者是遇到善知識的接引而入佛；或者是聽經聞法、閱讀經書而接觸佛教；而更多的人則是因為參加各種的（典禮）法會活動，被莊嚴的氣氛、悅耳的梵唄所懾服而進入了佛門」（佛光山宗務委員會編，1987：351），因此，三十多年來都沒有間斷過相關的典禮法會。其中典禮部分比較少見，大概只有1985年所舉行的傳法大典和今年政府明訂佛誕節為國定紀念日所舉行的佛誕節慶典二次而已。至於法會部分，所舉行過的據統計就高達數十種，

當中有的是針對信徒而辦的，如信徒香會、平安燈法會等；有的是配合諸佛菩薩誕辰而辦的，如供佛齋天法會、浴佛法會、觀音法會、藥師法會、彌陀法會等；有的是為敬供僧寶而辦的，如盂蘭盆供僧法會、道糧齋僧功德法會等；有的是考慮有助修持精進而辦的，如甘露灌頂皈依法會、八關齋戒會、在家五戒菩薩戒會、三壇大戒法會及各種佛七、禪七、觀音七等；有的是為了消災超薦而辦的，如萬緣水陸大法會、大悲懺法會、梁皇寶懺法會、三昧水懺法會、三時繫念法會及金剛寶懺、千佛懺、萬佛懺等（康樂等，1995：153）。這些法會，幾乎都規模盛大隆重，而且講究會場布置，遠非其它教團所能企及。

姑且以浴佛法會、藥師法會、彌陀佛七法會及佛誕節慶典為例，略作說明如下：古來每逢農曆 4 月 8 日佛誕日，佛教各寺院都會舉行浴佛法會，在大殿用一淡淨的水盆供奉一尊數寸高的釋迦牟尼佛誕生時童子立像；像右手指天，左手指地（相傳佛陀一出生，就右手指天而左手指地的說：天上天下唯我獨尊，當為天上天下尊）。全寺僧眾和信眾依次從盛有香湯的淨器中取香水為童子像沐浴。香湯大多用牛蒡檀、紫檀、多摩羅香、甘松、芎藭、白檀、鬱金、龍腦、沉香、麝香、丁香等製成。香湯浴完後又用淨水淋洗；浴像者隨後各取少許洗像水置於自己頭上，並燃種種華香供養。最末浴像者再各取少許洗像水，念誦「我今灌沐諸如來，淨智功德莊嚴聚。五濁眾生令離垢，願證如來淨法身」贊語以為自期與佛同功。這種儀式在我國後漢時就已流行；而每當浴佛時，寺院前後禮拜觀看者常成千上萬連綿數十里（王海林，1992：334～335）。佛光山從 1981 年總本山大雄寶殿落成後，每逢佛誕日，都會擴大舉辦浴佛法會，並舉行慶祝佛誕節才藝表演、園遊會、書展等等；而海內外別分院偶

爾也會移到當地的公園或廣場舉行,並搭配園遊會活動,使信眾們一邊法喜充滿,一邊飽餐酥酡美食。比較特別的是,佛光山在浴佛法會期間,常把會場布置成藍毗尼園的形態,並以花藝供佛而藉為美化心靈和環境;有時還會布置各種壁畫、攝影以教示信眾明瞭世間諸法的實相。而藥師法會和彌陀佛七法會,是為了慶祝藥師如來誕辰(農曆9月29日)和阿彌陀佛誕辰(農曆11月17日)而舉行的禮拜修持法會,佛光山也常以燃燈粧點成琉璃世界和以小橋流水、蓮花、重樹等鋪展成極樂盛境,使信眾更容易受持奉行藥師法門(而得以除卻災難,獲致吉祥)和明確淨土信仰(而得以攝受煩躁心,趨入極樂世界意境中)(佛光山宗務委員會編,1987:352~354;依敏法師,2000)。至於佛誕節慶典,2000年那次適逢佛教東傳中國二千年和中華民國政府首度明訂佛誕節為國定紀念日,國際佛光會和全國各界特別籌劃了一系列的慶祝活動,包括花車遊行、佛誕音樂會、佛誕遊藝表演、佛教聖歌比賽、「彩繪佛陀的一生」畫佛比賽、慈悲愛心人全民路跑、向佛陀獻旗,以及北中南同時舉行盛大的浴佛法會等(慈容法師,2000b),儼然是一個超大型而繁美的動態的布置(相對於法會現場一些靜態的布置來說)。此外,國際佛光會還印製佛誕卡、設計佛誕裝以及製作佛誕餐、佛誕餅、佛誕茶、佛誕花等,把慶祝佛誕節的歡喜氣息融入全民的生活裏,散布在社會的各個階層中(同上);也把佛教特有的象徵證悟解脫的審美文化,發揮到淋漓盡致的地步。

　　據學者的考證,「佛教作為一種相當有特色的世界宗教,與一般宗教的發生有所不同。它是在反對吠陀權威、原始古老的婆羅門教中崛起的,它反對婆羅門神秘的巫術和儀式,而這些神秘的巫術和儀式正攜帶著印度古老的審美文化;原始佛教以徹底出世解脫的三

法印為主教之本，因此它有意識排斥外化顯著的審美性藝術活動。原始佛教重實用，尚思辨，這都形成了對審美性強的藝術活動。所以佛教產生時，其簡明的儀式中結合外顯性強的審美活動不多，這是佛教早期藝術生產（創作）不發達的重要原因之一。但這並不等於佛教產生時就沒有美育，只不過那時側重於人格美、道德美及威儀美的養育。隨著部派佛教的繁衍，大乘佛教的旺盛，外顯郁烈的審美活動越來越多地滲入儀式之中，因此儀式便成為佛教美育的重要方式」（王海林，1992：328～329）。這如果可信，那麼佛光山就是沿著大乘佛教的傳統，更加強化儀式的審美功效。這種審美功效，所給佛教投入的變數，無疑的是讓大眾感受到快樂、希望而願意進一步向佛教親近。

第三節　梵音樂舞

佛光山像上述那樣注重美育的作為，還顯現在最近幾年所極力推動的梵音樂舞上。我們知道，以音聲演述佛事，一直是星雲大師的志業所繫。遠在佛光山開山之前，星雲大師就不斷地領導青年成立佛教歌詠隊，以音樂歌聲弘場佛法；佛光山開山之後，星雲大師又陸續地舉辦佛教梵唄音樂會、梵音海潮音音樂會，以及錄製佛教音樂唱片、錄音帶、錄影帶、影音光碟等，都獲得廣大的回響。九〇年代初期以來，又推出所謂的「梵音樂舞」，從國家戲劇院、國家音樂廳一路表演到日本、香港、新加坡、馬來西亞、美國、加拿大和歐洲十多個國家，幾乎已經成就一個佛教梵樂的王國了。

　　在原始佛教時期，僧團對於音樂同樣採取否定抵制的態度；這從諸多律部經典（如《十誦律》、《四分律》）《僧祇律》等）中，都可以找不少重複的記述。這種禁樂措施，恰好跟婆羅門教重視音樂歌舞的觀念相反。婆羅門教強調音樂的「生命功能」（可以協調身心、提振精神），所以對樂舞採取積極重視的態度；而初期佛教強調修行解脫，對於能刺激人類情感的音樂舞蹈，則採取消極隔離的政策。這種情況，到了大乘佛教時期，才所有改變；當時僧團「了解到『悟』的境界並非與世隔絕才能達成，而是必須懷有身在塵世，但不為俗務所惑，並進而能因勢利導，才是『開悟』的境地的真正實現。因此，對於音樂所採取的態度則轉變為『與其消極避免，不如積極引導』」，而「佛教東傳之後，傳統佛教音樂──特別是唄讚音樂──與佛教儀軌的發展關係密切。中國佛教儀軌的正式制定乃起自東晉道安。梁慧皎《高僧傳》卷 5〈釋道安傳〉曾記載：『安既德為物宗，學兼三藏，所制僧尼軌範、佛法憲章，條為三例：一曰行香定座，上經上講之法；二曰常日六時，行道飲食唱時法；三曰布薩差使悔過等法。天下寺舍，遂則而從之。』道安當時所制定的叢林規制，包括了僧團日常生活的規章制度及禮儀儀式。而這些規制對佛教的影響極為深遠，並成為後世僧團遵行的典範。此時，中國佛教唄讚音樂的『儀禮化』，使其得以在僧團道場中廣為流傳；但相對地，對『音聲』的理解及應用，則顯然與原始佛教的音樂觀有所不同」（佛光山文教基金會主編，1999：34～36）。佛教音樂從此（約略以大乘佛教的出現為分界線）也有了儀式音樂和供養音樂的分流並進。

　　本來在大乘佛教出現以前，佛教已經有限度的允許僧尼以歌詠法言；至於白衣（在家佛徒）以伎樂供佛則不但不禁止，反而還大

加讚賞，所謂「若使人作樂，擊鼓吹角貝，簫笛琴箜篌，琵琶鐃銅鈸，如是眾妙音，盡持以供養；或以歡喜心，歌唄頌佛德，乃至一小音，皆以成佛道」（《法華經》卷 1，《大正藏》卷 9：9 上），正說明當時佛教對音樂所採取的態度是僧俗有別的（佛光山文教基金會主編，1999：35）。前者（指僧尼以歌詠法言），逐漸發展出佛教的儀式音樂來。這種儀式音樂，一般稱作「梵唄」；而所謂「梵唄，法會之聲明也。又作婆陟、婆師。音韻屈曲升降，能契於曲，為諷詠之聲，是梵土之法曲，故名梵唄。又曰唄匿，單云唄。翻作止息或讚歎。法事之初唱之，以止斷外緣，止息內心，方堪作佛事。又其偈頌多讚佛德，故云讚歎」（丁福保編，1992：1867）。傳到中國後，又別出一個「轉讀」：「天竺方俗，凡是歌詠法言，皆講為唄。至於此土，詠經則稱為轉讀，歌讚則為梵音」（《高僧傳》卷 13，《大正藏》卷 50：415 中）。而不論梵唄或轉讀，都顯示了佛教有一個「源遠流長」的儀式音樂傳統。至於後者（指白衣以伎樂供佛），則發展出佛教的供養音樂來。這種供養音樂，有別於梵唄，而屬新創的佛曲。剛開始大抵都是白衣獻唱，後來則有佛門中人參與創作。所謂「佛世時，天人作樂讚歎，成為法會中的盛事。馬鳴菩薩作戲曲〈賴吒和囉〉，就渡化了五百位王子出家；印度孔雀王朝阿育王，用銅鑼、皮鼓、橫笛、螺貝、弓形豎琴等作為樂器，推廣佛教音樂，以陶冶人民的性靈。二世紀中葉之後，迦膩色迦王倡導梵唄，盛極一時，甚至傳到于闐、疏勒等地。五、六世紀時，戒日王亦以梵唄音樂作治世教化的方法，甚至傳播越過蔥嶺、天山南麓，以龜茲為發揚中心；另經天山北麓，以高昌為盛行之地。藏傳佛教根據《大日經》中說：『一一歌詠，皆是真言；一一舞戲，無非實印。』有專職表演樂舞的僧眾，被稱為『樂神』」（星雲大師編著，1999e：160～161），

所勾勒的正是這一段供養音樂的流變史。此外,「佛教初傳中國,最早有比丘改編民曲或宮樂,逐漸成為中國佛教音樂的特色……三國時,曹植在漁山聽海潮音,譜為佛教音樂,稱為『漁山梵唄』;南齊晉陵王蕭子良,曾請高僧造《經唄新聲》;梁武帝更推動佛教音樂,以製正樂,演說佛法,集合兒童青年歌唱佛曲;甚至於『無遮大會』、『盂蘭盆會』等儀禮中加入讚唄、朝暮課誦、唱誦法言、從此梵唄與中國傳統的音樂互相融和,寺院因而成為傳統音樂的保存與發揚中心,宋代大儒程明道曾觀雲門上堂,兩序肅儀,鐘鼓清音,不覺嘆道:『三代禮樂,盡在斯矣!』」而「從南北朝到初唐,僧眾在佛教音樂上都有很高的造詣,如道照、曇宗、智周、法稱等人,個個都是『尤善唱導,出語成章』,『唱說之功獨步當世』。而敦煌石窟中所發現的大量『唐曲』,以演化佛教經義為內容,是一革新的唱說,再加上歌曲的新文學體製,稱為『俗講』,首開中國佛教音樂民歌化的風氣」(同上,161~162),以至佛教的供養音樂有「後出轉盛」的趨勢。

　　近代以來,有太虛、弘一兩位大師合作〈三寶歌〉(太虛大師撰詞,弘一大師譜曲);黃自先生也譜有〈目蓮僧〉、〈佛曲〉等多首;後有李炳南先生、心悟法師、星雲大師及楊詠譜、吳居徹、李中和、蕭滬音諸位先生作詞作曲(佛光山為此集有《佛教聖歌集》一書);甚至有佛光山慈惠、慈容諸位法師,在臺北國父紀念館、國家音樂廳、香港紅磡體育館以及日本、東南亞、歐洲、美、加等地,以「梵音海潮音」作為傳教的媒介。而佛教文化服務處(佛光出版社的前身)則錄製唱片發行;佛光山視聽中心和如是我聞文化公司等錄製卡帶、CD、VCD、DVD 跟進;花蓮和南寺運用多媒體,有的透過電腦動畫,有的透過電腦網路弘法,可以說已經達到「樂聲所至,

不言而化」的弘法新紀元了（星雲大師編著，1999e：162～163；佛光山宗務委員會編，1999：326）。

　　綜觀這段佛教音樂的演變史，無疑的佛光山的表現特別出眾。星雲大師自己教唱梵唄、創作歌詞（計有〈弘法者之歌〉、〈西方〉、〈祈求〉、〈鐘聲〉、〈甘露歌〉、〈菩提樹〉、〈偉大的佛陀〉，〈快皈投佛陀座下〉、〈青年佛教的歌聲〉、〈佛光山之歌〉、〈信心門之歌〉、〈佛教驅邪總動員〉、〈佛化婚禮祝歌〉等十數首）（星雲大師，1999d：224），還延請慈靄法師、明常老和尚、李廣慈先生等人傳授唱讚，而承繼了在臺灣被稱為「海潮音」的浙法系的梵唄唱腔（就是今日在中國大陸的「天寧腔」）；此外，在普濟法事或拜懺法事時，又融入臺灣當地特有的「鼓山腔」（由福建福州的佛教聖地鼓山傳來），唱法幾近海潮音的變調（佛光山文教基金會主編，1999：374～376）。最近二、三年，又發展出搭配舞蹈和以國樂器演奏的「梵音樂舞」（如 1999 年 9 月，由佛光山文教基金會主辦，在星雲大師親自率領下，僧俗一百二十人的「佛光山梵唄讚頌團」，跟臺北市立國樂團合作，首次到歐洲大陸巡迴演唱，所呈現的就是這種新形態的佛教樂舞），騰譽國際，為音聲佛事開啟了一片空前的好景。而這種舞臺化、國樂團化的梵唄讚頌的演出，已經遠非古人所能想像（陳卓君，2000；林谷芳，2000），恐怕也值得大家再勉力予以詳加追蹤探究一番了。

第四節　文學

　　對佛光山來說，倡導佛教藝文化，最能顯出「前後一貫」且能照顧到「各個階層」的，就是文學創作這件事。當中除了委託創作

相關作品或企劃編輯相關作品（前者，如《中國佛教高僧全集》、《百喻經圖畫書》等；後者，如《佛教說話文學全集》、《佛教散文選》、《佛教小說選》等），星雲大師和佛光山許多法師也始終創作不輟，為佛光山再增添一項藝術弘法上的績效。

由於委託創作相關作品或企劃編輯相關作品部分，僅僅是佛光山在（文化）出版上的成就，還搆不上佛光人的藝術創作成果，於是本節所要討論的就只限於星雲大師和佛光山法師們的作品部分。一般所說的文學，可以界定為「針對某些對象（人事物）進行敘事或抒情，將所要表達的意思（思想或情感）間接表達或曲為表達（以比喻或象徵的方式傳達而非直接說出）」（當然，文學還可以有諸如二十世紀以來的形式主義、結構主義、後結構主義、解構主義等擺落心理、社會脈絡而純就形式予以定義，但那又另當別論）（周慶華，1996a；1996b；2004a）。這在佛教界，向來一直有傑出的表現，不但藉由文學體裁來表達蘊涵佛理或傳述修行得道的經驗，還有意無意的開發了一些新體裁供人習取仿效（裴普賢，1968；加地哲定，1993；蔣述卓，1992；孫昌武，1995；周慶華，1999c）。佛光山繼承了這個優良的傳統，屢有佳作呈現，很可以花點篇幅來討論。

首先，以作品的數量來看，佛光人所寫的東西，大概古今中外還沒有一個佛教團體能出其右。光星雲大師一人，就出版有《釋迦牟尼佛傳》（佛光版）、《十大弟子傳》（佛光版）、《玉琳國師》（佛光版）、《星雲禪話》（佛光版）、《星雲法語》（佛光版）、《星雲說偈》（佛光版）、《無聲息的歌唱》（佛光版）、《海天遊踪》（佛光版）、《星雲日記》（佛光版）、《往事百語》（佛光版）、《每日一偈》（臺視文化版）、《話緣錄》（巨龍版）、《清靜琉璃》（希代版）、《夢琉璃》（希代版）、《因緣琉璃》（希代版）、《琉璃禪》（希代版）、《情愛琉璃》（希

代版)、《紅塵琉璃》(希代版)、《大千琉璃》(希代版)、《七色琉璃》
(希代版)、《慈悲琉璃》(希代版)、《喜樂琉璃》(希代版)、《星雲
大師示語》(圓神版)、《雲水隨緣》(皇冠版)、《剎那不離》(皇冠版)、
《提起放下》(皇冠版)、《真心不昧》(皇冠版)、《紅塵道場》(映象
文化版)、《一池落花兩樣情》(時報版)、《佛光菜根譚》(佛光、香
海文化版)等。至於其他人,已出版的則有慈容法師的《我看美國
人》(佛光版)、慈怡法師的《萬壽日記》(佛光版)、慈嘉法師的《敬
告佛子書》(佛光版)、依空法師的《頓悟的人生》(佛光版)、《尋找
智慧的活水》(幼獅版)、《佛光山靈異錄》(合著,佛光版)、依瑞法
師的《火燄化紅蓮》(佛光版)、依淳法師的《聖僧與賢王對答錄》
(佛光版)、依昱法師的《與心對話》(佛光版)、永芸法師的《夢回
天臺遠》(九歌版)《與永恆對唱——細說當代傳奇人物》(合著,佛
光版)、慧慶法師的《佛教藝術的傳人》(合著,佛光版)等。

　　其次,以作品的品質來看,佛光人所寫的東西,頗不乏類似「它
(迎春花)像一道道拋物線,由一點向四面八方散開,卻無橫枝斜
出,一束一叢,碧綠蒼翠。花朵彷彿用金箔捏成的精緻喇叭,一朵
連一朵,直至開到花枝的盡頭」(慈容法師《我看美國人》,頁160)、
「遠遠望見一片碧綠的海水呈現在眼前,本來已走得有點疲倦,卻
因此興奮起來。沿著海邊走,一面接受海風輕拂,更走得起勁……
舉目眺望遠方,海天一色,水連天,天連水,分不出那是天那是海?
海面上只有沙鷗翱翔,點綴著這遼闊的宇宙」(慈怡法師《萬壽日
記》,頁31)、「基隆到桃園這段路,三月的杜鵑桃紅、紫紅、粉紅、
嫩白,一叢一叢亭亭玉立;好像穿著蓬蓬花裙的女子,忘情的在路
中旋舞,然後抖落滿地的瓔珞。而南部,一整排的木棉花,在柔和
的朝陽下如孤傲俊拔的皇家侍衛官」(永芸法師《夢回天臺遠》,頁

72）這種清新自然且洋溢著放曠佻達情思的文筆（周慶華，2000a）。此外，還有一種特別的芳醇溫厚感。這裏姑且以星雲大師的作品為例，略陳一、二：大抵可以說星雲大師作品的特色是常不經意的流露出對禪理禪機的敏感和無償悲憫的菩薩心腸，如「二十年前，我曾經延聘俞國基先生來佛學院教授音樂，為了能達到教學的效果，我接受俞先生的建議，特地購置了一套非常具有水準的音響設備。記得第一天上課時，他放了一段交響樂給大家聽，剎那間，整個教室有如風馳電掣、萬馬奔騰般的喧鬧。聽罷，他興致勃勃地問學生們：『剛才的音樂，你們覺得那一段最好聽？』當時還是學生的依恆法師站起來說：『老師，樂聲停下來的時候最好聽。』」（星雲大師，1999d：22），他就以這點來說「聽無聲之聲，說無言之言，看無相之相」的道理；又如「1967年，佛光山闢除草萊，殿堂院舍已粗具規模，當時創業維艱，一木一瓦來處不易。一天，我在遠處見到一位信徒站在佛前桌上照相，我深不以為然，加快步伐，急忙趨前大喊：『你怎麼可以站在佛桌上照相！』事後一直後悔，不該傷此信徒尊嚴。十多年前，普門中學一位女老師在龍亭的石桌上跳舞給學生看，我在東山遙遙望見，隨即直奔過去，怒言斥責：『你為人師表，教育子弟，能將桌子當舞臺嗎？』女老師顏面盡失，赧然離去。直至今日，我仍深以為憾；因為教育不是以盛氣凌人，責備也要令人堪受」（星雲大師，1999h：121～122），他越這樣自責，就越顯出對人的不捨和關愛。底下二則，讀來尤其醇醇有味：

　　常常有人問我：「為什麼社會上有許多修福行善的人反而遭遇悽慘，有許多作惡多端的人反而快樂逍遙？」我回答他們：「前生累積的福報就好比存款，往世累積的罪業就好比欠

債，你的銀行裏既然還有存款，就不能因為你現在作惡就不給付；你過去欠債累累，也不能因為你現在行善就不用償還。」（星雲大師，1999b：182）

　　1992年成立國際佛光會以來，我在世界各地提倡「歡喜與融和」，當我看到大家實踐時，我覺得那就是「天堂」現前；我在全球各國主張「同體與共生」，當我看到大家體認萬物一如的理念時，我覺得他們擁有了「天堂」；我四處宣揚「圓滿與自在」，當我看到大家都懂得奉行的時候，「天堂」儼然就在人間；今年我在多倫多召開國際佛光會第七次世界大會上，以「自然與生命」為題發表演說，鼓勵佛光會的大眾尊重自然，珍惜生命，當臺下聽眾與我生起共鳴時，我感到「天堂」就在我們的四周。因此，「天堂」毋須他覓，內心裏的人我和諧是「天堂」，觀念中的眾生平等是「天堂」，彼此間的尊重包容是「天堂」，苦樂處的有無中道是「天堂」……凡事只要合乎自然的法則都是「天堂」，從而更深深感受到奉行佛法裏的五戒十善、六度萬行、四無量心、四弘誓願、三十七助道品都是「天堂」。「天堂」不但是我們自己的善心美意，也是落實在天地間每一個人生活上的嘉言懿行，更是眾生有情內心的禪悅法喜。（星雲大師，1999f：226～227）

這不論是在袪疑解惑還是在鼓舞嘉勉，都讓人感覺如飲醇醪佳釀，欲罷不能。正在研究《星雲禪話》的友人黃連忠，在一次座談會中不勝嘆服的表示星雲大師的禪話寫來總是「綿綿密密，細水長流」。我想他這句話用來形容星雲大師其他的作品（包括小說、散文、詩歌、聯語、讚頌等等），也無不適合。上面所引幾段，都很可以為證。

當然，現今整體文學的發展演變，不論是形式技巧還是題材情思，無不到了極為繁盛詭譎的地步，佛門中人但以自傳行誼或印證經義為滿足，還不時興與人競逐文學的冠桂，自然未能趨入當前複雜的情境而參與思考文學的未來，以至「好機會」只好拱手讓給文學界的人了。依我個人長期的觀察，文學和佛教要繼續有高度價值的結合，勢必得努力開發「新」的實相世界（周慶華，1999c）；甚至「不只要面對『開發』（新）實相世界一個難題的考驗，它還得面對後現代文學、網路文學等疏離或異化思想的挑戰。尤其是網路文學中的多向文本的興起，快速泯除了學科的界線，也徹底改變了作者／讀者或影響／被影響的序列觀念，佛教的實相世界終究難免成為戲仿或反設計的對象；這時所謂的解脫，就是遊戲機上無數黑點的倏忽生滅。人的心靈究竟是淒黯，抑或是泛光，在現代資訊科技的世界裏，已經是即將要被省略的問題。對佛教還不捨一分鍾情的僧侶文人們，到底是退守既有的陣地繼續作『困獸之鬥』，還是迎向前去重新當『開路先鋒』，勢必得有所抉擇」（周慶華，2000b）。我相信佛門中人長期浸淫在教內特有的氛圍，已經深得修證的滋味，比誰都有資格擔負這一任務。而佛光山能文者特別多，更可以轉期待他們來帶領風潮，重開「佛教文學」的新局面。

第五節　書畫

嚴格的說，這一節的內容在相對上會比較貧乏一點；原因為到目前為止，佛光山內部還沒有表現出畫藝（收藏或別人供養的不算在內），而書法部分，也僅見於拓刻和題寫上，要提它有什麼成就，

的確是有點勉強。但還要為它列個專節，主要是想藉它來說一點有關書畫跟佛教相涉的因緣。

　　大體上，跟佛教有關的繪畫和書法，特就中國來說，被認為一開始是作為佛教的宣傳媒介而出現的，所謂「繪畫之於佛像，書法之於佛經，都是作為傳播宗教訊息的載體」；只是「藝術畢竟還有其自身的文化和美學特徵，有其自身的發展規律，於是中國繪畫書法藝術傳統就不同程度地影響佛教藝術，而佛教的精神內涵和價值觀念也在不同程度上滲入中國書畫藝術，包括促成了文人畫這樣的繪畫樣式」，而「從六朝以來，豐富的宗教藝術，構成了中國藝術發展主要方向和境界之一。一部中國佛教書畫發展史，在程度上可以反映出漢末六朝以來中國書畫發展的大體脈絡。佛教書畫對於中國繪畫書法藝術的保存和傳播，作出了不朽的貢獻」（章利國，1999：2）。這說繪畫部分，大致不差；畢竟跟佛教有關的繪畫，不論所畫是佛像或菩薩羅漢諸天神鬼像或佛教高僧法師像或經變圖，還是「草木花鳥，雨竹風聲，山雲海月，以及人事之百般實相，均足為參禪者對照之淨鏡，成了悟之機緣。絕與顯密諸宗，以繪畫為佛教之奴隸者不同」的禪畫或禪宗畫（潘天壽，1983：130），都有跡象可尋二者的關係以及所影響中國畫風的地方。但說書法部分，卻還有欠明辨。雖然論者又繼續申辯道：「從佛典翻譯、紀錄開始的中國佛教書法，是符合佛教對文字和書法的看法的。《瑜伽師地論》云：『隨顯名句，故名為文。』意謂文字是觀念的載體。佛教進而將文字分為字相和實義兩部分，據《字母釋》：『世人但知彼字相，雖日用而未能解其義。如來說彼實義。如隨字相而用之，則世間之文字也；若解實義，則出世陀羅尼文字也。』這裏的字相實際上既包括文字的外在形式，也包括其世俗的通常涵意，按佛教理論，僅僅理解這些

是不夠的。只有透過字相，直追實義，才能求得佛之本真，悟得佛教真諦。因而佛教從兩個相互聯繫的方面來看書法。一是宣教垂範，明道弘法，也就是用於諸佛之教化；一是攝情養氣，止觀修持。在寫經抄經之時，報除俗念妄相，使心保持虛靜明淨，達到佛教的智慧境界。《放光般若經‧不和合品》中說道：『若有是善男子善女人，書持諷誦般若波羅蜜者，便具足五波羅蜜及薩云若已，當知是為佛事。』慧燈不絕，薪火相傳，聖經不可或缺。《瑜伽師地論》、《辯中邊論》、《顯揚聖教論》中均論及對佛典之十種行法，即『十法行』，其中列於首位的便是佛典書持諷誦」（章利國，1999：3～4），但這終究沒有說出佛教書法所以為「藝術」的優勝處（即使它並不僅止於指涉書寫跟佛教有關的內容——還擴及書法的養氣止念等功用）；因為書法的藝術性只顯現在書寫本身的特徵上（康有為，1986；韓非木等編，1978；史紫忱，1979），而不在所書寫的內容或對書寫者所造成的變化氣質（一類實用功能）上。

真要說有所謂的佛教書法，那大概就得連上中國的禪宗來考察（在印度本土或剛傳到中國的佛教時期，都談不上）。禪宗對語言文字的不信賴又不得不看重它的筌蹄功能的矛盾心理，也影響到了書法的表現。其中被推為書法史上最著名的書僧懷素，他的作品可以作為代表；一如底下這段文字所敘述的：「禪宗主張以心傳心不立文字，既然不立文字，更如何有書法？禪師們一方面蔑視語言文字，一方面他們又知道非用語言文字不可，所以他們運用的語言文字是排斥語言文字的語言文字。他們的公案逼使門徒退到語言文字的窮途懸崖，在那裏作最後絕望的一躍，頓悟到語言文字所範圍不住的那一邊的真理。在書法上也有反文字的書法，反書法的書法麼？懷素似乎是用了作字的迅速來表現書法的反書法特質的。《自敘帖》裏

所列的許多詩文都一致描寫到他揮毫的『迅疾駭人』。以高速度寫草書的人很多，但一般的草書使人感到作者在高速的頓挫變化中所得到的類乎舞蹈的愉快，懷素的草書只是純速度，沒有抑揚頓挫，筆鋒似乎要從才寫成的點畫中逃開去，逃出文字的束縛、牽絆、沾染。一面寫，一面否認他在寫，『旋說旋歸』，文字才形成，已經被遺棄、被否定、被超越，文字只是剎那間一念的一閃，前念後念，即生即滅，『於念而無念』，『說即無，無即說』，才一閃，已成過去，已被推翻，即寫即無」（中觀法師等，1995：194～195）。所謂佛教書法，應該是指這一類，才有它特定的價值（可藉來印證或領悟佛法或禪機的奧妙）。其餘的，都可以視同一般書法，不宜再混入製造「紛爭」。

　　從上述這個角度看，佛光山確實是還沒發展出獨特的書法藝術來。但如就一般的書法藝術以及它所薰透的佛門氣息來說，也不盡無可談論。像位於佛光山總本山如來殿前的「名家百人碑牆」，將所蒐集歷代文人如陶淵明、王維、柳宗元、陸游，書畫家蘇東坡、董其昌、鄭板橋、豐子愷、于右任、張大千，以及佛門高僧惠能、寒山、拾得、懷素、道元、永明延壽、德清、紫柏等百家具啟發性、教育性的名言字句，暨大悲出相圖、佛教大師全身相等，鐫刻在黑花崗石上，不但是國內的首座碑牆，展現出佛教藝術的另一種表現方式；而且還成為寺院造景的一部分（並可供人拓印），永遠散發著佛門的藝術修為和仰仿賢德遺風等進取氛圍，價值實在不可低估。此外，佛光山總本山和別分院所有的牌樓、碑亭、顏額上的題寫鐫刻，也不乏名家手筆，效果有如名家百人碑牆。其中星雲大師本人的題寫，都在顯目的位置，字跡厚中樸外，也自有一種福態實感，更添人間佛教　分琉璃氣氛。這裏面還發生過一件趣事：

　　1994 年，農曆新春期間，佛光山臺北道場為了籌募佛光大學建校基金，舉辦了一系列「佛光緣藝術精品義賣」。其中的一場義賣中，穿插義賣我的書法。

　　「兩萬」、「六萬」、……隨著大家情緒的高漲，叫價隨著攀升。跟隨父親來參加這義賣盛會的王竑小弟弟，捏著手中僅有的一張百元鈔票，焦急地轉著小腦袋，追尋著四處響起彷若天價的競標聲音。

　　就在「二十萬」呼出的同時，突然一道稚嫩的童音喊出「一百元」，剎時，鼎沸的人聲靜了下來。

　　「二十萬我不賣了，一百元賣給這個小朋友。」我說。

　　王竑開懷地笑了，臺下大眾的掌聲更響。（星雲大師編著，1995c：620～621）。

相信這位小朋友長大後，會益發感念那份當代高僧墨寶所帶給他的福慧因緣。再回到正題上，雖然目前佛光山還沒有發展出可以獨標新義的書法藝術，但以佛光山人才濟濟來看，難保今後不會有人繼續在這方面求精踏高（甚至繪畫藝術上也有同樣的傑出表現）；以至一切都可以轉期待於將來，再造勝境。

第六節　佛像雕塑

　　佛光山在星雲大師的帶領下，凡事不做則已，要做就會想辦法把它做得特別凸出，所謂「我這一生，無論做什麼，我都要求很好、很大、很多、很美；不管做什麼，我時時刻刻所想到的，就是佛教

為眾生要大、要多、要好、要美、要真……」（星雲大師，1994b）。而這從佛光山的藏經編纂、佛學出版、佛法傳播等層面，已經可以充分的看出來；其次像主體建築寺院的宏偉莊嚴、標的物佛像的高聳權威等一些比較容易讓人感受到的藝術表現，更是這種求凸出心情下的產物。

　　現在所要談的就是佛光山的佛像雕塑。據學者的考察，佛教雕塑藝術的第一次興起應該是阿育王（孔雀王朝）弘法的時代（相當中國秦始皇時代），有各種動物及法輪、蓮花、佛本生故事等雕刻和標號式的佛座、佛足印等造型；接著是大月氏的貴霜王朝時期，開始出現具體的佛教造像藝術活動，形成後世所謂的「犍陀羅」藝術風格（佛造像是以人物形象為根據而加以塑造的，面部前額寬廣，鼻樑隆起，大眼薄唇，下顎寬大凸出，頭髮呈波狀、螺旋狀）；最後是旃陀羅笈多一世的笈多王朝時期，佛像藝術風格至此大為改變，後世稱為「秣菟羅」藝術（佛像造型以印度人為模特兒，薄衣透體，衣紋線條柔密平緩，背光布滿雕鏤精細的蓮花紋，佛座也出現蓮花樣式）（劉道廣，1999：1～4）。後面這兩種佛教造像藝術，後來隨著佛教的東傳而逐漸延伸到中國境內；直到隋、唐時期，才有漢化的佛教造像出現（佛像的造型比例跟漢人接近，講究典雅端莊，裝彩也開始富麗明艷；爾後歷經宋、元、明、清，都沒有太大改變（吳焯，1994：357～359；劉道廣，1999：102～202）。但不論如何，都還沒有跡象顯示，中印各個時期的佛像藝術創作者，彼此有「一較長短」的心理而致力於佛像的雕塑（或因當時資訊不發達而無從比較的緣故）。現在交通便利，大家互相觀摩比較的機會增多，自然在選定造型上就有了一些可以「力求與人異」的空間。佛光山在這方

面的表現，除了沿襲一貫兼容並蓄的作風而盡力蒐求各種風格的佛像以為充實寺院內容，也不免會藉機凸顯自己的特色。

　　以總本山的接引大佛為例，它是在星雲大師所發「採高屏之沙石，取西來之泉水；集全臺之人力，建最高之大佛」這樣的宏願下建成的（佛光山宗務委員會編，1987：119）。大佛全長一百二十餘尺，為東南亞最高佛像之一；全身呈金黃色，漢式的慈容，面向東山日出，俯瞰高屏溪，於朝暮或晴雨時各有不同的景色和氣氛，寶相莊嚴地矗立在東山上。而「大佛右手舉作放光明之狀，猶如大海的燈塔，為黑暗的娑婆世界放出光明；左手低垂作接引之勢，猶如慈祥的母親，接引眾生到達安樂的地方」；此外，「以四百八十尊接引佛環繞著接引大佛，猶如一佛出世，千佛護持般的肅穆」（同上，119～120）。可見佛光山建造佛像，多有攝氣、服眾、普被等優勝考量。而由於早期草創時，佛像（包括山門前彌勒佛像及各殿前佛菩薩像）常「因陋就簡」的以水泥灌製而成（心定和尚受訪時告知），以至遭到一些存心挑剔的人批評為「水泥文化」。這一點，星雲大師有過回應：「數年前，一名記者前來採訪時說：有人批評佛光山的佛像用水泥製造，是一種粗糙的水泥文化，希望我就此發表意見。我覺得建築材料與時俱進，有所謂的石器時代、銅器時代……如今已進步到鋼筋水泥的時代了，捨此他為，不亦怪哉！更何況我一生辦事主張『要用智慧莊嚴，不用金錢堆砌』，我也可以用金、銀、銅、鐵來雕塑佛像，但如此一來，其他重要的建築就無法進行。這麼多年來，朝山的信徒心裏拜的都是佛祖，而不是水泥，為什麼有些人千里迢迢來到佛光山，卻只看到水泥，沒有看到佛祖？『毀謗』暴露了人性的弱點，正好成為我們的借鏡」（星雲大師，1999i：139）。其實，佛光山在逐步改善擴建中，已經美侖美奐，有些殿堂擺設甚

至精緻無比；而佛像也從水泥灌製發展到木雕、石刻、玉雕、銅塑、金塑等等，遠非昔日「缺乏」藝術品味可比。再說那些現在依舊矗立著的水泥佛像，也仍不減它們「生活化」的風采（能予人寧靜、祥和、光明的感覺）。我們研究小組在一次造訪佛光山的行程中，就聽到陪同參觀東山的覺慈法師說了這麼一段小故事：有一個三歲半的小孩，隨父母來佛光山，走進大佛城時，指著一尊接引佛驚奇的問：「他為什麼對我笑？」覺慈法師說：「你有沒有對他笑？」「有啊！」「（那就對了）你對他笑，所以他也對你笑。」覺慈法師說完，她自己和我們一行人也開心地笑著。這不就是星雲大師所說「心裏只有佛祖，沒有水泥」的意思嗎？

　　也因為佛光山所重的是佛像的圓滿莊嚴，而不在佛像的奇巧駭俗，所以有關佛像的雕塑或購置，都能維持一定的格調；所謂「佛光山從早期大悲殿裏面的幾千尊佛像，大雄寶殿的一萬四千八百尊佛像，甚至到大佛城接引大佛周遭四百八十尊與人等高的阿彌陀佛像……目的無非是希望大家在瞻仰佛陀的聖容時，激發心中本自具有的佛性；但愚人不明箇中原因，反而稱怪……也有人問：佛光山為什麼不請藝術家雕刻佛像？我回答他：『我要用「佛心」雕刻的佛像。』記得過去一個藝術家拿了一尊佛像來，美則美矣，但斷臂缺手，令人一見不無遺憾之感，他告訴我：『這就是藝術。』我覺得藝術家或能容許殘缺之美，但信仰是圓滿的、莊嚴的，尤其是佛陀的三十二相八十種好，在我心目中已經成為一種神像的象徵，完美的典範，是怎樣也不能動搖的！古時候的人要雕刻一尊佛像，或者要畫幅佛像的時候，都有所謂『一刀三禮』、『一筆三禮』的儀式，經云：『佛道在恭敬中求。』心中有佛，才能塑造出圓滿莊嚴的佛像」（星雲大師，1999h：200～202），正是佛光山在佛教造像藝術上表

現的一個寫照。這只能欣賞，而無從比較，也無從非議；因為佛是同樣的佛，不能說你的造型像佛而他的造型不像佛或他的造型像佛而你的造型不像佛。倘若另有審美標準作為判斷依據，那已不關佛像，而必須別為看待了。

　　佛光山的這種求完滿的價值觀，也影響到了「淨土洞窟」這一座兼具文化教育價值的建築物的創建。淨土洞窟是據《阿彌陀經》所描述的西方極樂世界為主題，透過藝術的手法，將極樂世界的景致具體地呈現眼前。它是佛教繪畫和雕刻藝術的結晶，也是說法布教的另一契機方式。內有佛陀於祇園精舍為弟子宣說《阿彌陀經》的盛況，也有佛陀為頻婆娑羅王及王后講《十六觀經》的故事，還有以雕塑、描繪而勾畫出極樂世界的莊嚴艷麗景象（內含西方三聖、天女奏樂、蓮池海會、七重行樹、七重欄楯、八功德水、眾鳥說法、善人聚會、法輪常轉等等）（佛光山宗務委員會編，1987：126～127；1997a：331～332）。當初興建時，有人說：「你們（佛光山）應該建築地獄，讓更多人看了，心生畏懼，自然會信仰佛教。」星雲大師的回答是：「我建極樂淨土的殊勝美好，使人嚮往清淨的彼國，不是更積極嗎？」他的理由包括：「宗教的信仰是探討生命的奧祕，而自然發諸內心的一種需要，不是透過威嚇利誘，而勉強入信的。況且十八層地獄在恐怖的極權國家裏，我們追求的是民主開放的社會；民主開放的社會是西方充滿光明、幸福、富足、安詳的極樂土世界，而不是黑暗、悲慘、痛苦、絕望的地獄。這個淨土佛國，並不在西方十萬億佛土以外的極樂世界，而在我們生存的娑婆世界裏。因此，如何把我們生存的娑婆世界建築成聖潔莊嚴、雍容肅穆的極樂淨土，是我們應該努力以赴的方向」（星雲大師編著，1995c：440；佛光山宗務委員會編，1987：127）。以至淨土洞窟的存在，就隱喻著

人類通往極樂世界的一種取徑；這種取徑，有佛教界古今一致的嚮往加繪，更有佛光人滿心期待的想像添注。而這類情況，又如何能以一般藝術的眼光來衡量？

第九章 結論

第一節 主要內容的回顧

　　佛光山從 1967 年開山建寺以來，一直以實踐人間佛教理想的立場，本著觀世音、文殊、地藏王、普賢等四大菩薩的悲智願行，希望把佛光法水普及到全世界。而經過三十多年的努力，佛光山所推展的人間佛教，已經獲得國際的肯定和重視。過去佛教在印度本土興起後所以能向外傳播，主要是得力於孔雀王朝阿育王鼓勵向外擴張以及緣於伊斯蘭教入侵而被迫出走；現在佛光山再把人間佛教的理念傳播到世界五大洲，卻是佛光人的宏願和努力以及大眾對該理念的認同和支持所致，彼此頗難同日而語。有人把佛光山的崛起，歸因於臺灣退出聯合國，西方基督教在臺勢力衰微，以及本土化呼聲日益高漲，而給了佛光山「填補空缺」的機會（江燦騰，1997）。這不能說完全沒有道理，但卻忽略了佛光人的發願努力和大眾的認同支持；不然我們就無法解釋一些佛教團體的「屢起屢仆」以及許多海內外信徒的「棄宗改教」（原信他教而後成為佛光山信徒）或「聞風而至」。可見佛光山確是在萬般艱難中興教，不懈不怠，才有今天卓著的聲譽。

　　其次，佛光山認為佛教在世間流傳了兩千多年，已經法久弊生，而今後要除弊更新、中興佛教，最重要的是要將佛教人間化、現代化、大眾化和生活化。而跟這套理論相配合的，是所從事的各種佛

化事業；其中文化事業這部分，特別費時費力，成果也最為可觀。
它包括藏經的現代化製作、佛學叢書的人間化和大眾化出版以及開
發或運用各種現代傳播媒體弘法和創作各種人間化的佛教藝術以為
襯托佛光山的人間佛教性格等，為佛教慧命的延續和張皇而全力演
出，可說是古今中外所僅見。這些作為，固然也引來一些不同主張
者的反對聲音，而詆諆為背教歧出（宋澤萊，1989；李昌頤，1995），
但都無礙於佛光山已經走出一條可能也是必須的弘法的道路。因為
佛教如果「倒退」，結局也許就是自取滅亡；所謂「參禪的禪人不容
念佛的淨人，念佛的也批評禪者的不是；學教的指斥修行的盲修瞎
練，修行的人指斥學教的不重修持；住茅蓬的頭陀說大寺院的住持
好名好利，大寺院的住持說住茅蓬的頭陀是自了漢的焦芽敗種。總
之一句，在佛教裏，到處都是你說我不對，我說你不該，批評毀謗，
毀謗批評，到以後同歸於盡佛教滅亡就天下太平了」（佛光山宗務委
員會編，1997b：38），而不讓佛教滅亡，除了停止相互無謂的攻詰，
就是像佛光山這樣向「前行」了。

　　再次，星雲大師身為佛光山的領導人，這一路走來，開疆闢土，
功業彪炳；但也不免遭到有些「不明究裏」的人不友善的批評。這
點星雲大師幾乎都有分說（詳見前面各章）；現在再舉一例：「在社
會上講經弘法久了，經常接觸到各界人士，其中不乏政治人物前來
請示佛法，因而引人側目，招來『政治和尚』之譏。起初我很不以
為然，久而久之，心中也泰然了。想想：佛陀頻頻出入王宮，與大
臣貴冑說法，豈不也成了『政治佛陀』嗎？而玄奘大師為皇帝建言
國事，以及歷代國師的輔弼朝政，又怎麼說？中國佛教歷經多次教
難而能如浴火鳳凰般再生，在上位者全心全力的擁護佛教，實在是
功不可沒。此外，國家社會也因為佛法的復興昌隆而政清人和，這

些世所共睹的史實，無非說明了：『利用』不但不一定只具有負面的意義，而且還能造成大家的利益」（星雲大師，1999f：30～31），事有兩面，批評者但見一面就妄下雌黃，豈是公允？此外，諸如「企業和尚」、「讓佛光山商業化」等等批評（星雲大師，1999f：27～28、1999a：79～80），也同樣是故意為難。殊不知星雲大師當初所倡導的人間化的弘法模式、現代化的寺院經營等等，如今都已蔚為風潮。這證明了人間佛教的理念，確實迎世應時；反對的人，還有什麼更好的對策可說？

第二節　未來的展望

原始佛教所講的四聖諦，一般都把它理解為「苦」的緣起緣滅過程（于凌波，1998：140）。這個道理，被星雲大師領悟了，也想盡辦法實踐了：「我初入叢林古寺參學時，發現有些人以穿襤褸衣裳為標榜，有些人以吃餿飯剩菜為修行，有些人裝窮賣傻，揚言金錢名利是毒蛇猛獸，所以以貧窮為清高。有一天，我聽到一位住在客堂服務的知客師大實法師痛切地說到：『貧窮！貧窮！大家都崇尚貧窮，極樂淨土的七寶樓閣、黃金鋪地的莊嚴世界，由誰來完成？實際上，貧窮就是罪惡啊！』這番愷切的指陳，如雷擊頂般穿過我的耳際，我開始反覆思惟。當年，戰禍連綿，國勢維艱，民間建設固然百廢待興，寺院經濟更是蕭條不振。貧窮，已是舉國普遍的現象。那時，家師志開上人擔任棲霞山寺監院，他不但從不喊窮，也不叫苦，反而從開源節流上著手，設置果菜農場，實踐自耕自食，創建炭窯紙坊，提倡勞動生產，對於寺內經濟的自給自足可說貢獻至大！

而棲霞律學院、私立宗仰中學，也因此而能辦成。我們每日勤苦作務，以稀粥、雜糧、豆渣果腹，卻將豆腐菜餚留起來供給信徒施主。仔細想來，這不就是以行動告訴大家：真正的貧窮是坐以待斃，是心內能源的枯竭墮落。佛教要有錢才能辦事業，要有錢才能和大眾結緣，我恍然大悟：貧窮，怎麼不是罪惡的淵藪呢」（星雲大師，1999a：65～66）。為了不讓貧窮成為罪惡的淵藪而讓痛苦永世的循環下去，星雲大師帶領佛光山徒眾一步一步的建立起一個喜樂融合且能帶給人希望的教團，這正是在為佛教開發新的局面，而可以預期它將成為後世不可抹滅的典範。因此，在本書的最後，也要說說可以再作互相呼應的一些研究。

　　首先是追求喜樂富足有沒有止限？佛光山所推動的文化事業如何繼續有效的幫助大家獲得這種喜樂富足？其次是佛光山如此龐大的文化事業，如何因應未來的社會變遷而繼續求得穩定的發展？再次是所謂的現代化也可以有不同的作為，如以遏止惡質或過度的現代化（如資源的耗費、生態環境的破壞、各種污染的遺留、毀滅性武器的擴張等等）為現代化（周慶華，1997b；1999a；2001；2002；2004b；2005；2006；2007），就是其中一項，佛光山的文化事業如何在這方面提供更多的因應對策供世人參考？此外，如何在相關的藏經編纂、佛學出版、佛法傳播和佛教藝術等層面更上一層樓再力求完美，以及如何有效的引導信徒來接受眾多的出版品（個人在海外道場參訪的過程中，常聽到年長的一輩慨嘆看不懂文言書寫的藏經和年輕一輩建請製作生動化的佛書給他們讀；其實，佛光山的出版品已經到了「應有盡有」地步，只是缺乏「引導閱讀」而已）？以上這些都構成了個人（或有興趣的人）所能再致力的地方。而本

節題為〈未來的展望〉，實際上是對自己先前的能力有所不足，無法
當一個十分稱職的研究者，所施予的象徵性的「自我懲罰」。

參考文獻

丁仁傑,《社會脈絡中的助人行為——臺灣佛教慈濟功德會個案研究》,
　　臺北:聯經,1999。

丁明夷等,《佛教藝術百問》,臺北:佛光,1996。

丁福保編,《佛學大辭典》,臺北:新文豐,1992。

于凌波,《簡明佛學概論》,臺北:東大,1993。

于凌波,《人間佛陀及基本教理》,臺北:圓明,1998。

太　風等,《中國寺廟掌故和傳說》,臺北:木鐸,1987。

太　虛大師,《太虛大師全集(第23冊)》,臺北:善導寺,1955a。

太　虛大師,《太虛大師全集(第17冊)》,臺北:善導寺,1955b。

太　虛大師等,《菩薩行》,臺北:世界佛教,1994。

中　觀法師等,《佛教‧音樂‧藝術》,臺北:世界佛教,1995。

中村‧元等,《中國佛教發展史》,臺北:天華,1984。

中國社會科學院世界宗教研究所佛教研究室編,《佛教文化面面觀》,濟
　　南:齊魯書社,1989。

毛子水,《論語今註今譯》,臺北:商務,1986。

王文顏,《佛典重譯經研究與考錄》,臺北:文史哲,1993。

王見川等,《臺灣的宗教與文化》,臺北:博揚,1999。

王志成,《解釋與拯救——宗教多元哲學論》,上海:學林,1996。

王海林,《佛教美學》,合肥:安徽文藝,1992。

王順民,《宗教福利》,臺北:亞太,1999a。

王順民,《社會福利服務:困境、轉折與展望》,臺北:亞太,1999h。

方立大,《中國佛教與傳統文化》,臺北:桂冠,1994a。

方立天,《佛教哲學》,臺北:洪葉,1994b。

方蘭生，《傳播原理》，臺北：三民，1988。

內政部編，《宗教論述專輯（一）：社會服務篇》，臺北：行政院內政部，
　　1994。

內政部編，《宗教論述專輯（二）：社會教化篇》，臺北：行政院內政部，
　　1995。

木村泰賢，《原始佛教思想論》（歐陽瀚存譯），臺北：商務，1993。

水野弘元，《佛典成立史》（劉欣如譯），臺北：東大，1996。

天下文化出版公司等編，《新競爭時代的經營策略》，臺北：天下，1996。

印　順法師，《華雨香雲》，臺北：正聞，1988。

印　順法師，《契理契機之人間佛教》，臺北：正聞，1989。

史美舍，《社會學》（陳光中等譯），臺北：桂冠，1991。

史紫忱，《書法美學》，臺北：藝文，1979。

史賓格勒，《西方的沒落》（陳曉林譯），臺北：桂冠，1985。

加地哲定，《中國佛教文學》（劉衛星譯），臺北：佛光，1993。

古爾維其等，《文化‧社會與媒體》（陳光興等譯），臺北：遠流，1992。

尼葛洛龐帝，《數位革命》（齊若蘭譯），臺北：天下，1998。

北京大學哲學系等編，《佛教倫理與現代社會兩岸學術研討會論文集》，
　　北京：北京大學哲學系等，1995。

朱堅章等，《社會科學概論》，臺北：空中大學，1987。

江燦騰，《現代中國佛教思想論集（一）》，臺北：新文豐，1990。

江燦騰，《臺灣佛教百年史之研究：1895～1995》，臺北：南天，1996。

江燦騰，《臺灣當代佛教──佛光山‧慈濟‧法鼓山‧中臺山》，臺北：
　　南天，1997。

任繼愈主編，《中國佛教史》，北京：中國社會科學，1981。

池田大作，《佛教一千年》（王遵仲譯），香港：牛津大學，1992。

池田大作，《二十一世紀文明與大乘佛教》（創價學會編譯），臺北：正
　　因，1998。

西來寺文教中心編，《佛光山西來寺──建寺十周年特刊》，高雄：佛光
　　山，1998。

行政院大陸委員會編,《大陸地區宗教法規彙編》,臺北:行政院大陸委員會,1995。

佚　名,《東方佛教文化》,臺北:木鐸,1988。

何　雲,《佛教文化百問》,臺北:佛光,1996。

汪　琪,《文化與傳播》,臺北:三民,1984。

吳　焯,《佛教東傳與中國佛教藝術》,臺北:淑馨,1994。

吳永猛等,《經濟學(個體部分)》,臺北:空中大學,1990。

吳汝鈞,《佛教的概念與方法》,臺北:商務,1988。

吳汝鈞,《佛學研究方法論》,臺北:學生,1989。

吳進生,《世界佛教藝術源流》,高雄:諦聽,1997。

呂　澂,《印度佛教史略》,臺北:新文豐,1983。

呂大吉主編,《宗教學通論》,臺北:博遠,1993。

呂亞力,《政治學》,臺北:三民,1994。

宋光宇,《宗教與社會》,臺北:東大,1995。

宋澤萊,《被背叛的佛陀》,臺北:自立晚報社,1989。

李志夫主編,《佛教與文學——佛教文學與藝術學術研討會論文集(文學部分)》,臺北:法鼓,1998。

李宗桂,《文化批判與文化重構——中國文化出路探討》,西安:陝西人民,1992。

李茂政,《大眾傳播新論》,臺北:三民,1986。

李昌頤,《佛教的希望——釋迦的追尋與原始佛教的啟發》,臺北:大鴻,1995。

余英時,《中國近世宗教倫理與商人精神》,臺北:聯經,1987。

余培林,《新譯老子讀本》,臺北:三民,1978。

沈清松,《解除世界魔咒——科技對文化的衝擊與展望》,臺北:時報,1986。

沈清松編,《詮釋與創造》,臺北:聯經,1995。

希爾斯,《論傳統》(傅鏗等譯),臺北:桂冠,1992。

佐佐木教悟等,《印度佛教史概說》(釋達和譯),臺北:佛光,1986。

佛光文化公司編，《佛光文化圖書目錄》，臺北：佛光，1999。

佛光文化公司編，《佛光文化圖書目錄》，臺北：佛光，2000。

佛光山文教基金會編，《1991 年佛光山佛教青年學術會議論文集》，臺北：佛光，1992。

佛光山文教基金會主編，《1996 年佛學研究論文集③：當代宗教的發展趨勢》，臺北：佛光，1996a。

佛光山文教基金會主編，《1996 年佛學研究論文集④：佛教思想的當代詮釋》，臺北：佛光，1996b。

佛光山文教基金會主編，《1995 年佛學研究論文集：佛教現代化》，臺北：佛光，1996c。

佛光山文教基金會主編，《1993 年佛學研究論文集：佛教未來前途之開展》，臺北：佛光，1998。

佛光山文教基金會主編，《1998 年佛學研究論文集：佛教音樂》，臺北：佛光，1999。

佛光山宗務委員會編，《佛光山開山二十週年紀念特刊》，臺北：佛光，1987。

佛光山宗務委員會編，《佛光山開山三十週年紀念特刊》，臺北：佛光，1997a。

佛光山宗務委員會編，《佛光學》，高雄：佛光山，1997b。

佛光山宗務委員會編，《佛光山開山三十一週年年鑑》，臺北：佛光，1999。

佛光山澳洲南天寺編，《世界佛教徒友誼會第二十屆大會紀念特刊》，澳洲：佛光山澳洲南天寺，1998。

佛光大藏經編修委員會主編，《佛光大藏經‧阿含藏‧雜阿含經一》，臺北：佛光，1983。

佛光大藏經編修委員會主編，《佛光大藏經‧禪經‧星雲禪話一》，臺北：佛光，1994。

佛光大辭典編修委員會主編，《佛光大辭典》，臺北：佛光，1995。

依　空法師等，《佛光山靈異錄》，臺北：佛光，1994。

依　敏法師，〈隨年節月份而舉辦的法會之意義和布置要點〉，於《佛光通訊》第 483 期（17～19），高雄，2000.3.1。

林天民，《基督教與現代世界》，臺北：商務，1994。

林本炫編譯，《宗教與社會變遷》，臺北：巨流，1993。

林谷芳，〈期待更深刻的探究與對話──佛教音樂學術研討會小感〉，於《普門》雜誌第 246 期（64～65），臺北，2000.3。

林鎮國，《空性與現代性──從京都學派、新儒家到多音的佛教詮釋學》，臺北：立緒，1999。

金玉振，〈全方位的「人間福報」〉於《新聞鏡》第 590 期（29），臺北，2000.2.28。

金耀基等，《中國現代化的歷程》，臺北：時報，1990。

邵玉銘編，《理論與實踐──當前國內文化發展之檢討與展望研討會論文集》，臺北：聯經，1994。

奈思比等，《二〇〇〇年大趨勢》（尹萍譯），臺北：天下，1992。

杭亭頓，《文明衝突與世界秩序的重建》（黃裕美譯），臺北：聯經，1997。

屈萬里，《尚書今註今譯》，臺北：聯經，1984。

亞德烈，《藝術哲學》（周浩中譯），臺北：水牛，1987。

周慶華，《文學圖繪》，臺北：東大，1996a。

周慶華，《臺灣當代文學理論》，臺北：揚智，1996b。

周慶華，《語言文化學》，臺北：生智，1997a。

周慶華，《佛學新視野》，臺北：東大，1997b。

周慶華，《新時代的宗教》，臺北：揚智，1999a。

周慶華，《思維與寫作》，臺北：五南，1999b。

周慶華，《佛教與文學的系譜》，臺北：里仁，1999c。

周慶華，〈花裏看霧──臺灣當代出家人的文學創作〉，於《文訊》雜誌第 175 期（40），臺北，2000a.5。

周慶華，〈佛教和文學結合的新紀元〉，於《普門》雜誌第 250 期（64），臺北，2000b.7

周慶華，《後宗教學》，臺北：五南，2001。

周慶華，《死亡學》，臺北：五南，2002。

周慶華，《文學理論》，臺北：里仁，2004a。

周慶華，《後佛學》，臺北：里仁，2004b。

周慶華，《身體權力學》，臺北：弘智，2005。

周慶華，《靈異學》，臺北：洪葉，2006。

周慶華，《走訪哲學後花園》，臺北：三民，2007。

邱燮友，《新譯唐詩三百首》，臺北：三民，1987。

韋　伯，《支配的類型：韋伯選集（Ⅲ）》（康樂等編譯），臺北：遠流，1991。

星　雲大師，〈佛光學報發刊詞〉，於《佛光學報》第 1 期（1～4），高雄，1977.5。

星　雲大師，《星雲大師講演集（一）》，臺北：佛光，1979。

星　雲大師，《星雲大師講演集（二）》，臺北：佛光，1982。

星　雲大師，《星雲大師講演集（三）》，臺北：佛光，1987。

星　雲大師，《星雲日記（1）》，臺北：佛光，1989。

星　雲大師，《星雲大師講演集（四）》，臺北：佛光，1991。

星　雲大師，〈人間佛教的實踐（上）〉，於《覺世》旬刊第 1320 期（15），高雄，1994a.10.1。

星　雲大師，〈星雲日記〉，於《普門》雜誌第 176 期（141），臺北，1994b.5。

星　雲大師編著，《佛教叢書之八：教用》，臺北：佛光，1995a。

星　雲大師編著，《佛教叢書之七：儀制》，臺北：佛光，1995b。

星　雲大師編著，《佛教叢書之十：人間佛教》，臺北：佛光，1995c。

星　雲大師，《佛光緣——人間佛教》（曾鳳玲編），臺北：佛光，1995d。

星　雲大師編著，《佛教叢書之一：教理》，臺北：佛光，1995e。

星　雲大師編著，《佛教叢書之五：教史》，臺北：佛光，1997a。

星　雲大師，《佛光世界（一）》，臺北：佛光，1997b。

星　雲大師，《往事百語（六）：有情有義》，臺北：佛光，1999a。

星　雲大師，《往事百語（五）：永不退票》，臺北：佛光，1999b。

星　雲大師編著，《佛光教科書⑪：佛光學》，臺北：佛光，1999c。

星　雲大師，《往事百語（二）：老二哲學》，臺北：佛光，1999d。

星　雲大師編著，《佛光教科書⑧：佛教與世學》，臺北：佛光，1999e。

星　雲大師，《往事百語（四）：一半一半》，臺北：佛光，1999f。

星　雲大師編著，《佛光教科書③：菩薩行證》，臺北：佛光，1999g。

星　雲大師，《往事百語（二）：皆大歡喜》，臺北：佛光，1999h。

星　雲大師，《往事百語（一）：心甘情願》，臺北：佛光，1999i。

星　雲大師編著，《佛光教科書①：佛法僧三寶》，臺北：佛光，1999j。

馬定波，《印度佛教心意識說之研究》，臺北：正中，1974。

俞吾金，《文化密碼破譯》，上海：上海遠東，1995。

洪金蓮，《太虛大師佛教現代化之研究》，臺北：東初，1995。

洪修平等，《如來禪》，杭州：浙江人民，1997。

洪啟嵩，《佛菩薩修行法門（中）》，臺北：時報，1993。

洪啟嵩，《淨土之旅總覽》，臺北：全佛，1996。

柏格爾，《媒介分析方法》（黃新生譯），臺北：遠流，1994。

柏木哲夫，《用最好的方式向生命揮別：臨終照顧與安寧療護》（曹玉人
　　譯），臺北：方智，2000。

洛斯奈，《精神分析入門》（鄭泰安譯），臺北：志文，1988。

威爾森，《基督宗教的世界》（傅湘雯譯），臺北：貓頭鷹，1999。

段德智，《死亡哲學》，臺北：洪葉，1994。

南懷瑾，《禪宗叢林制度與中國社會》，臺北：作者自印，1964。

南華管理學院編，《南華管理學院簡介》，嘉義：南華管理學院，1997。

高　明，《大戴禮記今註今譯》，臺北：商務，1984。

高淑玲主編，《跨世紀的悲歡歲月——走過臺灣佛教五十年寫真》，臺
　　北：佛光，1996。

孫　旗，《藝術概論》，臺北：黎明，1987。

孫昌武，《佛教與中國文學》，上海：上海人民，1995。

徐木蘭，《共創企業淨土》，臺北：天下，1994。

徐育珠，《經濟學》，臺北：東華，1987。

海伯特等，《大眾傳播媒介》（潘邦順譯），臺北：風雲論壇，1995。

海伯特等,《大眾傳播媒介與社會》(潘邦順譯),臺北:風雲論壇,1996。

殷海光,《中國文化的展望》,臺北:活泉,1979。

夏塔克,《印度教的世界》(楊玫寧譯),臺北:貓頭鷹,1999。

郭　朋等,《中國近代佛學思想史稿》,成都:巴蜀書社,1989。

郭育新等,《文藝學導論》,臺北:中國文化大學,1991。

康　樂等,《信仰與社會──北臺灣的佛教團體》,臺北:臺北縣立文化
　　中心,1995。

康有為,《廣藝舟雙楫》,臺北:商務,1986。

康-沙塞保,《猶太教的世界》(傅湘雯譯),臺北:貓頭鷹,1999。

淨　慧主編,《佛教與現代文明》,北京:中國佛教協會,1991。

陸　鏗主編,《人間佛教的星雲──學者作家心目中的星雲大師》,臺
　　北:佛光,1992。

陸震廷,《人間佛教與星雲大師》,臺北:中華日報社,1992。

許大同,《宗教學》,臺北:五洲,1983。

陳世敏,《大眾傳播與社會變遷》,臺北:三民,1986。

陳卓君,〈法音宣流五大洲──訪慈惠法師〉,於《普門》雜誌等 246
　　期(56～58),臺北,2000.3。

陳沛然,《佛家哲理通析》,臺北:東大,1993。

陳清香等,《佛教藝術的傳人》,臺北:佛光,1993。

陳榮捷,《現代中國的宗教趨勢》(廖世德譯),臺北:文殊,1987。

陳瓊花,《藝術概論》,臺北:三民,1995。

曹仕邦,《中國佛教譯經史論集》,臺北:東初,1990。

曹伯森,《政治學》,臺北:三民,1985。

張玉燕,《教學媒體》,臺北:五南,1996。

張金鑑,《政治學概論》,臺北:三民,1985。

張曼濤主編,《中國佛教史論集(七):民國佛教篇》,臺北:大乘,1978。

張運華,《中國傳統佛教儀軌》,臺北:立緒,1998。

張錦華,《傳播批判理論》,臺北:黎明,1997。

符芝瑛,《傳燈──星雲大師傳》,臺北:天下,1995。

符芝瑛，《薪火——佛光山承先啟後的故事》，臺北：天下，1997。

陶在樸，《理論生死學》，臺北：五南，1999。

陶東風，《後殖民主義》，臺北：揚智，2000。

章利國，《中國佛教百科叢書·書畫卷》，臺北：佛光，1999。

梁其姿，《施善與教化——明清的慈善組織》，臺北：聯經，1997。

梁曉虹，《日本禪》，杭州：浙江人民，1997a。

梁曉虹釋譯，《中阿含經》，臺北：佛光，1997b。

梅納德等，《第四波——二十一世紀企業大趨勢》（蔡伸章譯），臺北：牛頓，1994。

尉遲淦主編，《生死學概論》，臺北：五南，2000。

費　雪，《二十一世紀宗教》（尤淑雅譯），臺北：貓頭鷹，1999。

煮　雲法師，《南海普陀山傳奇聞錄》，臺北：十普寺印經會，1985。

湯一介主編，《中國宗教：現在與過去》，臺北：淑馨，1994。

湯用彤，《漢魏兩晉南北朝佛教史》，臺北：駱駝，1987。

湯恩比，《歷史研究》（陳曉林譯），臺北：桂冠，1984。

黃文山，《文化學體系》，臺北：商務，1986。

黃天中，《死亡教育 I——死亡態度及臨終關懷研究》，臺北：業強，1993。

黃公偉，《佛學原理通釋》，臺北：新文豐，1989。

黃俊威，《緣起的詮釋史》，桃園：圓光，1996。

黃啟江，《北宋佛教史論稿》，臺北：商務，1997。

華玉洪，《生存的沉思——當代科技進步與全球性問題》，臺北：淑馨，1995。

彭吉象，《藝術學概論》，臺北：淑馨，1994。

傅佩榮，《我看哲學——心靈世界的開拓》，臺北：業強，1989。

傅偉勳，《從創造的詮釋學到大乘佛教——「哲學與宗教」四集》，臺北：東大，1990。

傅偉勳，《死亡的尊嚴與生命的尊嚴——從臨終精神醫學到現代生死學》，臺北：正中，1993。

曾國仁，〈從報紙到網路，佛光山一應俱全——透視星雲法師的媒體經營學〉，於《今周刊》第 165 期（39、41、38），臺北，2000.3.5。

聖　印法師，《普門戶戶有觀音——觀音救世法門》，臺北：圓明，1993。

路　況，《後／現代及其不滿》，臺北：唐山，1900。

慈　怡法師主編，《佛教史年表》，臺北：佛光，1987。

慈　容法師，〈佛教藝術的價值〉，於《普門》雜誌第 250 期（2～3），臺北，2000a.7。

慈　容法師，〈慶祝國定佛誕節的意義與省思〉，於《普門》雜誌第 249 期（2），臺北，2000b.6。

圓　香，《中國佛教高僧全集 1・玄奘大師傳》，臺北：佛光，1994。

賈　許，《佛教一本通》（方怡蓉譯），臺北：橡樹林，2006。

董　羣，《祖師禪》，杭州：浙江人民，1997。

董芳苑，《宗教與文化》，臺南：人光，1995。

道　證法師，《畫佛因緣》，臺中：臺中蓮社，1995。

道端良秀，《中國佛教與社會福利事業》（關世謙譯），臺北：佛光，1986。

雷夫金，《能趨疲：新世界觀——二十世紀人類文明的新曙光》（蔡伸章譯），臺北：志文，1988。

楊克勤，《祭祖迷思——修辭與跨文化詮釋的回應》，香港：基督教文藝，1996。

楊孝濚，《傳播社會學》，臺北：商務，1983。

楊惠南，《當代學人談佛教》，臺北：東大，1990。

楊惠南，《當代佛教思想展望》，臺北：東大，1991。

楊錦郁，〈法水自在流——訪星雲法師談《人間福報》創刊〉，於《聯合報》副刊，臺北，2000.4.1。

楊懋春，《當代社會學說》，臺北：黎明，1981。

葉家明，《向生命系統學習——社會仿生論與生命科學》，臺北：淑馨，1997。

愛利雅思，《伊斯蘭教的世界》（盧瑞珠譯），臺北：貓頭鷹，1999。

虞君質，《藝術概論》，臺北：黎明，1987。

赫基斯,《佛教的世界》(陳乃綺譯),臺北:貓頭鷹,1999。

趙雅博,《中西文化的出路》,臺北:商務,1975。

裴普賢,《中印文學研究》,臺北:商務,1968。

劉　枋等主編,《我們認識的佛光山》,臺北:財團法人嚴寬祜文教基金會,1996。

劉　昶,《西方大眾傳播——從經驗學派到批判學派》,臺北:遠流,1994。

劉宗坤,《等待上帝,還是等待戈多?——後現代主義與當代宗教》。北京:中國社會,1996。

劉道廣,《中國佛教百科叢書·雕塑卷》,臺北:佛光,1999。

鄭　問,《佛教高僧漫畫全集·人間佛教行者——星雲大師》,臺北:佛光,2000。

鄭志明主編,《宗教與非營利事業》,嘉義:南華大學宗教文化研究中心,2000。

鄭金德,《歐美的佛教》,臺北:天華,1984。

鄭金德,《現代佛學原理》,臺北:東大,1991。

鄭振煌等,《遠颺的梵唱——佛教在亞細亞》,臺北:佛光,1994。

鄭僧一,《觀音——半個亞洲的信仰》(鄭振煌譯),臺北:慧炬,1993。

潘天壽,《中國繪畫史》,上海:上海人民美術,1983。

潘美惠,《面對死亡——臨終教牧關顧》,臺南:教會公報,1998。

潘桂明等,《中國佛教百科叢書·歷史卷》,臺北:佛光,1999。

蔡文輝,《社會學概論》,臺北:三民,1984。

蔡澤興,〈佛學網站及電子化佛學資源介紹〉,於《國文天地》第 15 卷第 11 期(101、98),臺北,2000.4。

蔣述卓,《佛教與中國文藝美學》,廣州:廣東高等教育,1992。

蔣維喬,《佛學概論》,臺北:佛光,1993。

曉　雲法師,《佛教藝術論集》臺北:原泉,1994。

曉　雲法師,《佛教文化與時代》臺北:原泉,1998。

鮑家聲等,《中國佛教百科叢書·建築卷》,臺北:佛光,1999。

歐陽勛,《經濟學原理》,臺北:三民,1987。

霍韜晦，《絕對與圓融》，臺北：東大，1989。

謝冰瑩等，《新譯古文觀止》，臺北：三民，1988。

簡克斯，《文化》（俞智敏等譯），臺北：巨流，1998。

韓非木等，《字學及書法》，臺北：中華，1978。

龍冠海主編，《社會科學大辭典：第一冊社會學》，臺北：商務，1988。

鍾蔚文，《從媒介真實到主觀真實》，臺北：正中，1992。

藍吉富，《二十世紀的中日佛教》，臺北：新文豐，1991。

藍吉富等主編，《敬天與親人——中國文化新論・宗教禮俗篇》，臺北：
　　聯經，1993a。

藍吉富等主編，《當代中國人的佛教研究》，臺北：商鼎，1993b。

藍吉富，《佛教史科學》，臺北：東大，1997。

魏承思，《佛教的現代啟示》，香港：中華，1993。

闞正宗，《臺灣佛教一百年》，臺北：東大，1999。

釋東初，《中國佛教近代史》，臺北：東初，1974。

釋昭慧，《佛教倫理學》，臺北：法界，1995a

釋昭慧，《人間佛教的播種者》，臺北：東大，1995b。

釋慈莊，《法相——進入佛教堂奧之鑰》，臺北：佛光，1999。

釋傳道主編，《佛教與社會關懷學術研討會：生命、生態、環境關懷論
　　文集》，臺南：中華佛教百科文獻基金會，1996。

釋蓮池編，《禪關策進・佛門異記》，宜蘭：覺世善書流通處，1986。

釋聖嚴，《戒律學綱要》，臺北：東初，1965。

釋聖嚴，《教育・文化・文學》，臺北：東初，1993a。

釋聖嚴，《中國佛教史・密教史》，臺北：東初，1993b。

釋聖嚴，《印度暨西藏佛教》，臺北：東初，1993c。

釋聖嚴，《日韓佛教史略》，臺北：東初，1993d。

釋聖嚴，《明日的佛教》，臺北：東初，1993e。

釋聖嚴，《學術論考》，臺北：東初，1993f。

龔鵬程，《人文與管理》，臺北：佛光大學，1996。

龔鵬程，《年報：1997 龔鵬程年度學思報告》，嘉義：南華管理學院，
　　1998。
（按：訪談、座談資料，都以錄音為憑，限於篇幅和時間，不便整
理附錄。另佛光出版社和佛光文化公司出版品，為著錄方便，一概
以臺北為出版地。）

國家圖書館出版品預行編目

佛教的文化事業：佛光山個案探討 / 周慶華著
. -- 一版. -- 臺北市：秀威資訊科技，
2007.12
　面；　公分. --(哲學宗教類；AA0008)
參考書目：面
ISBN 978-986-6732-47-8(平裝)

1. 佛光山　2. 佛教事業

220.6　　　　　　　　　　　96023956

哲學宗教類　　AA0008

佛教的文化事業——佛光山個案探討

作　　者 / 周慶華
發 行 人 / 宋政坤
執行編輯 / 詹靚秋
圖文排版 / 林欣儀
封面設計 / 莊芯媚
數位轉譯 / 徐真玉　沈裕閔
圖書銷售 / 林怡君
法律顧問 / 毛國樑　律師
出版印製 / 秀威資訊科技股份有限公司
　　　　　　台北市內湖區瑞光路 583 巷 25 號 1 樓
　　　　　　電話：02-2657-9211　　　傳真：02-2657-9106
　　　　　　E-mail：service@showwe.com.tw
經 銷 商 / 紅螞蟻圖書有限公司
　　　　　　台北市內湖區舊宗路二段 121 巷 28、32 號 4 樓
　　　　　　電話：02-2795-3656　　　傳真：02-2795-4100
　　　　　　http://www.e-redant.com

2007 年 12 月 BOD 一版
定價：270 元

讀 者 回 函 卡

感謝您購買本書，為提升服務品質，煩請填寫以下問卷，收到您的寶貴意見後，我們會仔細收藏記錄並回贈紀念品，謝謝！

1. 您購買的書名：_____

2. 您從何得知本書的消息？

　　□網路書店　□部落格　□資料庫搜尋　□書訊　□電子報　□書店

　　□平面媒體　□ 朋友推薦　□網站推薦　□其他_____

3. 您對本書的評價：(請填代號　1.非常滿意 2.滿意 3.尚可 4.再改進)

　　封面設計____　版面編排____　內容____　文/譯筆____　價格____

4. 讀完書後您覺得：

　　□很有收穫　□有收穫　□收穫不多　□沒收穫

5. 您會推薦本書給朋友嗎？

　　□會　□不會，為什麼？_____

6. 其他寶貴的意見：_____

_____

_____

_____

讀者基本資料

姓名：_____　年齡：_____　性別：□女 □男

聯絡電話：_____　E-mail：_____

地址：_____

學歷：□高中(含)以下　□高中　□專科學校　□大學

　　　□研究所(含)以上　□其他_____

職業：□製造業 □金融業 □資訊業 □軍警 □傳播業 □自由業

　　　□服務業 □公務員 □教職　□學生 □其他_____

秀威與 BOD

BOD（Books On Demand）是數位出版的大趨勢，秀威資訊率先運用 POD 數位印刷設備來生產書籍，並提供作者全程數位出版服務，致使書籍產銷零庫存，知識傳承不絕版，目前已開闢以下書系：

一、BOD 學術著作—專業論述的閱讀延伸
二、BOD 個人著作—分享生命的心路歷程
三、BOD 旅遊著作—個人深度旅遊文學創作
四、BOD 大陸學者—大陸專業學者學術出版
五、POD 獨家經銷—數位產製的代發行書籍

BOD 秀威網路書店：www.showwe.com.tw
政府出版品網路書店：www.govbooks.com.tw

永不絕版的故事・自己寫・永不休止的音符・自己唱